江苏大学专著出版基金资助出版

工作-家庭

边界管理的一致性
对员工行为有效性的影响研究

王三银 著

EXPLORING THE EFFECTS OF
WORK–FAMILY BOUNDARY MANAGEMENT
CONGRUENCE ON
THE EFFECTIVENESS OF EMPLOYEES' BEHAVIOR

江苏大学出版社
JIANGSU UNIVERSITY PRESS

镇江

图书在版编目(CIP)数据

工作-家庭边界管理的一致性对员工行为有效性的影响研究 / 王三银著. — 镇江：江苏大学出版社，2017.9
ISBN 978-7-5684-0593-5

Ⅰ. ①工… Ⅱ. ①王… Ⅲ. ①企业－职工－行为分析 Ⅳ. ①F272.92

中国版本图书馆 CIP 数据核字(2017)第 243898 号

工作-家庭边界管理的一致性对员工行为有效性的影响研究
Gongzuo-Jiating Bianjie Guanli De Yizhixing Dui Yuangong Xingwei Youxiaoxing De Yingxiang Yanjiu

著　　者/王三银
责任编辑/吴昌兴　　郑芳媛
出版发行/江苏大学出版社
地　　址/江苏省镇江市梦溪园巷 30 号(邮编：212003)
电　　话/0511-84446464(传真)
网　　址/http://press.ujs.edu.cn
排　　版/镇江华翔票证印务有限公司
印　　刷/丹阳市兴华印刷厂
开　　本/890 mm×1 240 mm　1/32
印　　张/5
字　　数/168 千字
版　　次/2017 年 9 月第 1 版　2017 年 9 月第 1 次印刷
书　　号/ISBN 978-7-5684-0593-5
定　　价/35.00 元

如有印装质量问题请与本社营销部联系(电话:0511-84440882)

目　录

① 绪 论

自从工业革命以来,企业逐渐代替了家庭手工作坊,成为社会生产的基本单位,企业的健康发展不管是对国家的经济建设还是对个人的基本生活都有着重要的影响(张圣兵,2013),因此,如何让企业保持高效运作成为管理者和研究者们所关注的话题。由于企业的基础单元是人,因此让企业保持高效运作的关键变成如何让员工的行为更加有效(李隽等,2014)。

为此,学者们进行了大量的研究,发现影响员工行为有效性的因素主要来自工作环境和个人两个方面。工作环境因素包括企业提供的工作安排、工作条件和管理政策等;个人因素包括员工的人格、态度等特征(Ivancevich 等,1980)。因此,提升员工的行为有效性需要采用改善员工的工作环境、改变员工的培训教育等方式(Williams 等,1998)。然而已有研究结论的取得是建立在传统的工作管理理论基础上的,其中一个重要的假设是认为员工工作与家庭之间的关系是对立的、截然分开的,即工作与家庭边界是清晰的(林彦梅等,2015)。

随着信息交流技术的飞速发展,电脑、手机、网络等改变了人们的工作、生活方式,逐渐成为员工生活的一部分,这使得人们不再受时空的限制,而随时随地可以借助于这些信息交流工具打破传统的工作与家庭领域截然分离的状态,实现工作与家庭领域的融合。比如在传统的"朝九晚五"的工作方式下,工作与家庭领域是分离的,下班以后才能从事家庭相关的事务,而现在人们随时可以借助于电话、网络等信息交流工具在工作场所与家人通话。随着知识工作者、双职工家庭和双独家庭（夫妇双方都是独生子女）的逐渐增多，以及"80后""90后"逐渐成为职场主体，人们希望借助于发达的信息交流技术来处理工作与家庭关系及满足对张扬的个性和高质量生活追求的愿望越来越强烈。截然分离的工作－家庭边界策略显然并不能满足这一愿望，因此人们寄希望于组织能够实施较弱的工作－家庭边界策略（Ferguson等，2014；林彦梅等，2015）。比如韩国招聘求职门户网站"Saramin"以1318名上班族为对象进行的调研结果显示，67.2%的受访者希望组织提供诸如弹性时间、弹性地点等较为灵活的弱工作－家庭边界策略（梁倩等，2015）；《女性生活蓝皮书：中国女性生活状况报告》（韩湘景等，2014），也显示70.6%的调查者希望产后所在单位能够允许她们采取适度的弱工作－家庭边界的工作方式。

然而，类似于上述的弱工作－家庭边界策略能否得以实施还需要企业的最终认可。对企业而言，每项管理策略的实施除了用来满足员工的诉求以外，还希望这项策略能换来员工对组织的积极回报，比如工作投入、工作绩效、组织公民行为等积极的态度和行为（张正堂，2005）。然而，随着工作－家庭边界的弱化，员工的行为有效性会随之增加吗？

已有研究表明，较弱的工作－家庭边界对员工的行为有效性既能产生积极的影响，也能产生消极的影响（Almer等，2002；Bulger等，2007；Sluss等，2008；Ngo等，2009；McNall等，2010；Kattenbach等，2010；张伶等，2011；Yun等，2012；高中华等，2014）。比如Almer等对提供弱工作－家庭边界政策（弹性工作安排）的大型会计事务所的调研发现（Almer等，2002），这种允许工作与家庭融合的政策能够显著地激励员工的工作绩效、公民行为等，理由是工作－家庭边界越弱，意味着两个领域边界之间的渗透性和灵活性就越高。员工因此而根据需要及时从一个领域切换到另一个领域的自主性就越高。比如在工作/家庭的时间内，家庭/工作突然有很紧急的事务需要处理时,较弱的工作－家庭边界允许员工及时停止工作来满足家庭/工作的需要,在这种情况下,员工比较容易将这种弱工作－家庭边界管理策略视为一种组织支持,进而表现出更加有效的行为。Bloom 等在中国携程网历时两年进行的一项由 500 人参与的实验进一步证实了 Almer 等的观点(Bloom 等,2015;Almer 等,2002),发现相比工作－家庭边界较强的传统办公室办公方式,远程工作这一弱工作－家庭边界策略不仅能够促进员工工作效率的提高,还能激发更多、更有效的角色外行为。而 Kattenbach 等(2010)则通过对德国 17 个不同组织的 167 名员工的调研分析发现了相反的结论,即较弱的工作与家庭边界容易引起角色间的频繁互换,导致工作与家庭冲突的加剧,进而不利于员工积极行为的产生。并且认为只有较强的工作－家庭边界才能让员工在工作领域中从心理和物理空间上与家庭领域脱离,全身心地投入到工作中,表现出较为积极的行为。

综上所述,在工作与家庭边界逐渐弱化的趋势下,原来传统的工作方式已经发生改变,因此需要重新探索员工行为有效性的管理途径,理清不同强度的工作－家庭边界策略(即工作－家庭边界强度的组织供给)对员工行为有效性带来的改变。而目前关于二者关系不一致的结论并没有解决这一问题,这不仅容易阻碍二者关系理论的健康发展,同时也会导致管理实践的无所适从。本研究正是基于这样的考虑,从个体－环境匹配理论和社会交换理论的视角来探索工作－家庭边界强度的组织供给与员工偏好的一致性(后文统称为:边界强度的一致性)对员工行为有效性的影响,并基于自我概念和"边界跨越者"的角度试图理清其中的影响机制,以期在员工行为有效性,以及中国的人力资源管理研究上有所贡献。

根据上述研究背景与问题的分析可以看出,工作－家庭边界强度对员工行为有效性的影响效应还比较模糊,相关的结论并不一致。正是基于这样的原因,本书试图基于个体－环境匹配理论和社会交换理论来揭示工作－家庭边界强度的一致性与员工行为有效性的关系,并基于自我概念的视角对这一影响的机制进行阐述,同时从工作－家庭边界理论的"边界跨越者"这一观点出发,分析边界跨越能力在其中的调节作用。

(1)边界强度一致性对员工行为有效性的影响

个体－环境匹配理论认为,情境因素能直接对个体的心理态度产生影响,但到底产生怎样的影响取决于这一因素能否满足个体需求的资源和条件。当个体的需要得以满足时往往会对环境产生积极的认知评价,进而产生积极的行为,否则会产生负面的认知评价并导致负面的行为(Edwards 等,2000)。本书基于这一理论的需求－供给(Demands－Supplies)视角,认为在工作－家庭边界强度的组织供给逐渐接近员工偏好的过程中,员工的行为有效性逐渐增加,当组织供给超越了员工的偏好并逐渐增加时,员工的行为有效性逐渐减少。

(2)自我概念视角下组织认同与组织自尊的中介作用

基于组织的自我概念(self－concept)是个体对客体自我的想法与知觉,包含自我定义维度的组织身份和自我评价维度的组织自尊。根据 Anderson 等(1984)的观点,基于组织的自我概念会受到组织和个体两个方面的影响。因此,本书基于 Burns 的"环境与个体的互动－自我概念－行为倾向"这一框架,认为自我概念不仅受到边界强度一致性的影响,而且还会把这一影响传递给与自我概念保持一致的行为(Burns,1982)。因此,本研究认为,边界强度的一致性会通过增加员工的组织身份和组织自尊而促进其行为的有效性。

(3)"边界跨越"观点下,边界跨越能力的调节作用

作为工作－家庭边界的跨越者,员工的边界跨越能力是工作－家庭边界策略能否得到有效执行的关键。边界跨越能力高的员工能够抵消因为工作与家庭角色的转换而对其工作或家庭领域的行为有效性造成的干扰(Matthews 等,2014),实现两个角色的有效转换。反之,边界跨越能力低的员工则很容易在转换的过程中受到转

换之前角色对当前角色的影响，不能快速地在心理上从之前的角色转换到当前角色中，进而使得当前角色行为的有效性受到之前角色的干扰（Fritz 等，2010；马红宇等，2014；李爱梅等，2015）。因此，本研究认同边界强度一致性的影响效应会受到边界跨越能力的调节。

2 理论基础与文献综述

本章主要介绍的是研究用到的一些基础管理理论及相关文献的综述,基础管理理论主要包括:个体环境 – 匹配理论、自我概念理论,以及社会交换理论等,文献综述主要包含的是针对工作 – 家庭边界、组织认同、组织自尊、行为有效性等相关文献的回顾与分析。

2.1 理论基础

2.1.1 个体 – 环境匹配理论

个体 – 环境匹配理论认为,个体和环境特征不仅能单独作用于个体的行为,二者的互动也会对个性行为产生一定的影响,即当个体的特征与环境特征相匹配时能引发个体的积极行为和态度,相反地,则会引起个体的负面行为和态度。其中,个体特征主要包含个体的目标、人格特征、价值观等内容,环境特征主要包含环境的目标、氛围、文化等内容。在这一理论中,学者们根据环境的不同层次发展了人与职业匹配、人与群体匹配、人与工作匹配、人与组织匹配和人与人(如上下级)匹配等理论。此外,Muchinsky 等(Muchinsky 等,1987)根据匹配的特点,认为匹配包含两个方面,即一致性匹配和互补性匹配。所谓的一致性匹配指的是环境特征与个体特征的相似性,比如组织价值观和个体价值观的相似性;互补性匹配指的是个体的一些独特特征能够对环境进行的弥补。Kristof 认为互补性匹配还可以进一步分为供给 – 需求匹配和能力 – 要求匹配,其中供

给 - 需求匹配指的是根据环境特征与个体需求的一致性;能力 - 要求匹配则指的是个体能力对环境要求的满足程度(Kristof,1996)。Kristof 从组织的层面构建了个体 - 组织匹配的理论模型(见图 2-1)。

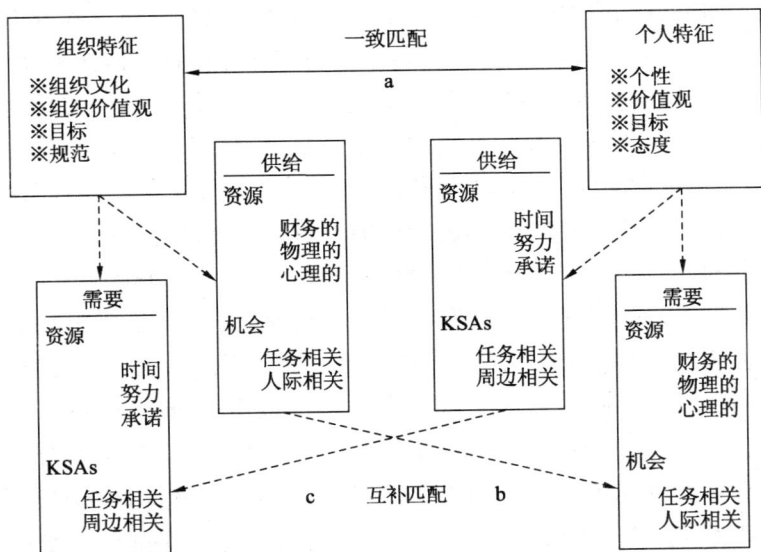

图 2-1　Kristof 提出的个体 - 组织匹配的理论模型

2.1.2　自我概念理论

James 最早于 1890 年提出了他的自我概念理论,认为自我概念(self - concept)是对自己的存在及其状态、特点等的观察和认识,是一种意识和心理过程(James,1890)。由于这种自己对自己的认知,使自我带上了两重性:被知的我(客我,me)和自知的我(主我,I),也即经验自我和纯粹自我。经验自我可以分为三部分:物质我、社会我和精神我。物质我是对自己身体的认识;社会我是对他人心目中自己的认识;精神我则是对自己的意识状态、心理倾向和能力的认识。物质我、社会我、精神我和纯粹自我以某种方式整合在一起,形成较统一的自我感,使自我具有层次的结构性。其中物质我是基础,社会我高于物质我,精神我则在最高层(James,1890;孙丽,2005)。

符号互动论大师 Mead 在《心灵、自我和社会》中,将自我分为客我和主我两部分,客我即经验自我,主我即纯粹自我。他认为,经验自我是社会的自我,依赖角色的扮演,反映的是社会的经验,是通过社会互动中概括他人对自我的态度形成的;纯粹自我是行动的自我,并给予行动以人格动力和独特性,二者密切相关,他们共同构成一个出现在社会经验中的人,所谓的自我实质上是凭借这两个可以区分的方面进行的一个社会过程(Mead,1934;孙丽,2005)。

虽然,有关自我概念问题的讨论从 James 就已开始,但自我概念的提法直到 Rogers 自我理论的出现才受到人们的广泛关注,自我的课题重新为人们所重视之后才得到较多运用(James,1890;Rogers等,1951;金盛华,1996)。Rogers 认为,自我概念是个人场中与个人自身有关的内容,是个人自我知觉的组织系统和看待自身的方式。他认为,对于一个人的个性与行为具有重要意义的是他的自我概念(self-concept),而不是其真实自我(real-self),自我概念不仅控制并综合着个人对于环境知觉的意义,而且高度决定着个人对于环境的行为反应。Burns 对 James,Mead,Rogers 等的经典自我概念理论进行了整合,提出了自我概念形成与影响的框架图(见图 2-2)(James,1890;Mead,1934;Rogers 等,1951;Burns,1982),认为个体的自我概念来源于个体与环境的互动,在互动中定义自己的角色身份,以及自己在这一环境中的信念、影响力等做出评价。

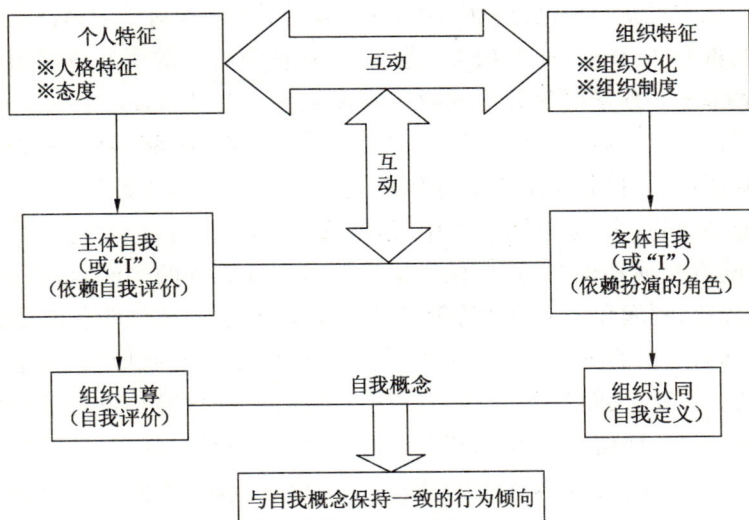

图 2-2　自我概念理论模型

2.1.3　社会交换理论

自从 Homans，Blau 和 Emerson 等提出社会交换理论（Social Exchange Theory，简称 SET）以来（Homans，1961；Blau，1964；Emerson，1976），该理论一直是心理学研究的主要理论视角和管理学中理解工作场所行为的最具影响力的理论（Cropanzano 等，2003）。在具体的使用中，学者们所定义的社会交换理论的视角也有所不同，但都认为包含两人或者两人以上基于成本和报酬所发生的交换活动，其中报酬既包含金钱、商品等物质性的有形报酬，也包含关爱、赞美、荣誉、信任和支持等非物质性的无形报酬，而成本指的是因为此次交换而需要放弃的选择和机会（钱源源，2010）。人们的选择往往是将其能够分享的物品进行交换，而人们又是在权衡了行动过程之利弊得失并选择最有吸引力的东西之后才有所行为的，也就是说，人在交换这种互动过程中是"理性"的。

在构建新的理论过程中，Homans 强调了心理学对于解释社会现象的重要性（Homans，1961）。他认为，对社会行为的所有解释归根到底都是心理学的解释。同时，Homans 还认为（Homans，1961），人是理性的。人们所做到的行为，要么是为了获得报酬，要么是为了逃避惩罚，这种利益最大的原则就是人们交往的基本原则。为此，在他早期的《人类群体》一书中，他就提出了行动、互动、情感三个概念，随着交换理论的形成，他又提出除了行动以外的刺激、报酬、成本、投资、利润和公正性期待等经济学概念。其中，他认为报酬是最核心的，人们的所有行为都是为了获得报酬，不管是有形的，还是无形的。比如，人们工作，不仅可以获得金钱（外在报酬），也可以获得友谊、满足，增加自我尊重，避免失业的耻辱（内在报酬）。报酬与成本、投资成正比，成本越高，人们需要的投资就越大，因此期望获得的报酬也就越多。

Blau 虽然也研究了微观层次的交换行为，将其定义为个人受到他们预期可以从另一方那里获得回报的激励而产生的自愿行动（Blau，1964），但与 Homans 交换理论的回溯式研究视角不同（Homans，1961），Blau 的功利主义采用前瞻式（prospective）的研究视角（Blau，1964），认为行为者先对未来行动可能产生的回报进行预期，进而选择使自己收益最大化的行为。而根据这种预期的回报在责任和时间上的明确性不同，Blau 又将微观层次的交换行为区分为经济交换和社会交换两类（Blau，1964）。其中，经济交换是建立在一个明确列出交换物数量和交换时间的契约之上的交换行为，交换双方的责任详细清楚，每一次的交换都是独立的，不受之前或之后交易的影响；社会交换则是建立在信任基础上的个人自愿性行为，交换双方的责任并未详细说明，一方的付出不能直接获得对方的报酬，而是会引起未来不确定时间的回报责任，因此每一次的交换并不是相互独立的，双方通过交换行为产生彼此的信任、承诺和人际依恋，形成长期和稳定的关系，这种关系会进一步影响之后的交换活动(Blau,1964)。除了从功利主义经济学的视角对微观层次的社会交换进行研究外,Blau 还对人际互动交换如何影响社会结构的形成和发展、共同价值如何成为间接交换的媒介和传递社会结构的基础、权利如何产生及分化、社会结构如何制度化、已经形成的社会结构如何对交换过程产生制约等宏观层次问题进行了探索(Blau,1964;钱源源,2005)。

社会交换理论对人们在社会互动中的交换行为进行了心理学、经济学和社会学的分析。其中,互惠原则(reciprocity principle)是促使并维持这类交换行为的最重要的社会规范。互惠原则最初是由 Gouldner 提出的(Gouldner,1960),其基本思想是当个体从他人那里获得某种利益时,就会产生回报对方的义务,双方付出与回报的东西可以是同质的,也可以是异质的,只要认知的价值相等。互惠原则强调回报义务,在双方责任和履行时间没有详细规定的社会交换中增强了行为的可预期性,从而保证了社会交换行为的产生和持续。

近年来,社会交换理论成为组织行为领域研究员工与组织关系的最有影响力的理论框架之一,很多研究者采取这一理论观点来分析组织忠诚、组织公民行为、亲社会组织行为、组织投入等员工态度与行为(Eisenberger 等,1986;Bateman 等,1983;Brief 等,1986;Gould,1979)。学者们认为,员工与组织之间实质上是一种社会交换关系,根据互惠原则,当员工感知到组织提供的薪资福利等物质报酬和自尊关怀等非物质报酬,就会产生满意、忠诚等积极情感,并形成一种回报义务,通过角色内的工作投入和角色外的组织公民行为来履行自己的义务、报答组织(Bateman 等,1983)。

2.2 员工行为有效性及其影响因素

尽管组织行为学已经兴起了几十年,但有关员工行为有效性的研究热度却从未随着时间的流逝而减弱,相反,学者们对这一课题的研究有着逐渐增多的趋势,因此为了了解这一课题的发展状况,接下来将对员工行为有效性的概念、测量方式,以及相关的前因后果进行回顾。

2.2.1　员工行为有效性的概念

在不同的学科中,行为一直是广受关注的对象,并且有着不同的定义。生理学认为行为是人体器官对外界刺激的反应,行为心理学认为人的行为是其与环境互动的结果,是受到心理支配的外部活动,并将其分为外显行为和内隐行为。在组织行为学中,行为同样是学者和管理实践者们一直以来关注的重点,Katz 等在其《组织的社会心理学》一书中明确指出行为可以分为角色内行为和角色外行为(Katz 等,1978),因此行为有效性依次可以分为角色内行为的有效性和角色外行为的有效性(王成城等,2010)。所谓的角色内行为的有效性,通常指的是在岗位职责范围内的具体表现,根据 Tsui 等的研究,角色内行为的有效性主要衡量的是员工在数量、质量、效率、知识等达到工作要求标准的程度,因此,一般可以用基本绩效来进行考察;角色外行为的有效性一般指的是员工在工作要求或者岗位要求之外的有利于组织的行为表现,根据 Williams 等的观点(Williams 等,1991),可以采用组织公民行为来衡量员工角色外行为的有效性。

Katz 等认为员工角色内行为的有效性和角色外行为的有效性是确保组织有效运作的重要因素,认为角色内行为的有效性保障了组织的基本运营,角色外行为的有效性则是组织能够健康、长远发展的关键因素,二者缺一不可,否则将成为一个非常脆弱的"社会系统"(Katz 等,1978)。

2.2.2　员工行为有效性的测量

(1)角色内行为有效性的测量

正如前文所述,角色内行为有效性考察的是工作要求范围内的行为有效性,因此学者们普遍认为工作绩效就是角色内行为有效性的一个重要表现,对其的测量也大多采用工作绩效的测量工具。工作绩效的现有测量工具有很多,其中有两个被经常用于测量员工角色内行为有效性的测量工具,一个是 Williams 等(1991)开发的测量工具,另一个则是 Tsui 等(1997)开发的测量工具。

Williams 等认为用以评估角色内行为的员工绩效标准通常被分为四大类别,即等级评估、质量评价、数量标准,以及文件数据记录,诸如涉及工作安全的记录、缺席或延迟完成工作的记录等。因此,他们开发了包含"我完成了工作描述中的所有责任;我总是完成我工作需要的绩效;我一丝不苟地完成我被期望完成的工作任务;我充分完成了安排给我的所有职责;我有时没有完成我必需的职责;我有时会忽略掉我应该完成工作的某些部分"等 7 个题项的单维度测量工具(Williams 等,1991)。

Tsui 等在 Williams 等的基础上进一步从完成工作的整体能力、决心、准确性、知识和创新等方面考察了员工的角色内行为的有效性(Williams 等,1991;Tsui 等,1997),该量表同样为单维度量表,包含"我的工作量高于平均水平;我的工作质量远高于平均水平;我的工作效率远高于平均水平;我采用的工作质量标准高于单位规定的工作质量标准;我在完成基本任务时表现出了应有的判断力;我在完成基本工作任务时表现出了一定的创造力"等在内的 11 个题项。

(2)角色外行为有效性的测量

在角色外行为有效性的测量上,目前已经发展了较为成熟的测量工具,其中比较具有代表性的是 Smith 等(1978)开发的包含两个维度的测量工具。Smith 等的角色外行为有效性测量工具的开发起始于他们对霍桑实验的研究,为了解释霍桑实验的结论,他们对印度尼西亚的一些制造业的一些主管人员进行了采访,发现主管们比较关注的是如何提升员工的工作效率和效能,并基于此形成了包含"支持主管的工作;帮助那些工作量过大的同事;主动做一些与工作相关的事情;为了单位的健康发展,提供一些创造性地建议;不要在闲聊上浪费时间;帮助那些缺勤的同事完成工作"等在内的 16 个初始条目,利用来自 MBA 学生的预调研数据的探索性因子,发现了两个明显的维度。其中一个因子被命名为"利他"或者"助人"指向的目标受益主体,通常是同事、顾客等个人,另外一个因子的目标受益主体则指向的是组织,通常被称为"责任心"。

Williams 等(1991)利用来自 127 个主管的数据分析认为,利用 Smith 等的角色外行为有效性的测量工具测量的结果与角色内行为之间的区分度太小,并且没有与组织承诺、工作满意度等变量进行区分验证(Smith 等,1978)。因此,Williams 等在 Smith 等的角色外行为有效性的测量工具的基础上重新进行了检验,得出了两个维度的量表,两个维度的含义与 Smith 等的一样,并将其称之为"指向个体的行为有效性"和"指向组织的行为有效性",但测量条目发生了变化,"指向个体的行为有效性"维度包含"我愿意帮助新来的同事适应工作环境;我愿意帮助同事解决与工作相关的问题"在内的 4 个条目,而"指向组织的行为有效性"维度包含"我会遵守单位规章和程序,即使没人看见且没有证据留下;我并不介意新的工作或挑战;我经常很早到达单位并马上开始工作"等 6 个条目。

2.2.3　员工行为有效性的影响因素

由于员工的行为有效性是保证组织健康发展的直接因素,因此学者和管理者们主要研究和探索的是员工行为有效性的影响因素有哪些。角色行为有效性的相关研究从未停止,因此影响它的因素也在不断地探索中越来越多,从现有的文献来看,角色行为有效性的影响因素主要集中在个体和组织两个层面上。

（1）个体视角下的影响因素

影响员工行为有效性的个体视角的因素主要集中在工作满意度、组织承诺、组织认同和组织自尊等方面。

　　Berkowitz 等认为角色行为的有效性具有利他性(比如有利于组织和同事),而利他性的行为又往往受到积极情绪状态的驱使,因此他们认为,作为一种积极的情绪体验,工作满意度、组织承诺、组织认同和组织自尊有利于员工角色内行为和角色外行为的有效性。比如 Vigoda 以来自以色列北方两个大城市的 303 个主管及其职员为样本,通过两阶段共 6 个月的调研分析发现,工作满意度和组织承诺与角色行为的有效性存在正相关关系(Vigoda,2000)。沈伊默等基于对 234 份主管与员工的配对样本分析也发现,员工的组织自尊越高越容易产生更高的角色行为有效性(沈伊默等,2009)。Walumbwa 等对美国 6 个银行组织的 437 名职员的调研发现,员工的组织认同程度对其角色内行为有效性能够产生比较明显的正向作用(Walumbwa 等,2008)。此外,Chen 等基于对台湾的 167 个男护士的横断面研究,发现员工的组织认同与 OCB 之间确实存在显著的正向相关关系,认为组织认同是影响员工 OCB 的一个重要因素(Chen等,2013)。

　　(2)组织视角下的影响因素

　　影响员工行为有效性的组织视角的因素主要集中在组织制度、组织支持感、公平感和职场排斥等方面。

　　苏中兴通过对 206 家企业的调研分析,发现人力资源管理实践对员工角色行为有效性有着重要的影响,当员工能够从人力资源管理实践中感受到组织对其的支持、信任、资源、机会等时,就会基于互惠的原则回报给组织更多的有效性行为,因此他认为高绩效的人力资源管理实践与员工角色内行为有效性和角色外行为有效性都存在正相关的关系(苏中兴,2010;仲理峰,2013)。从苏中兴的研究中可以看出高绩效人力资源管理实践影响员工行为有效性的一个解释机制就是员工能否从中感受到组织支持感,因此根据他的逻辑可以推断组织支持感会对员工的行为有效性产生积极的影响,田喜洲等对来自重庆、郑州和武汉的共 6 家企业的 721 名员工的调研分析证实了这一观点，发现得到组织支持的员工会觉得自己更有责任去关心组织的发展，并帮助组织实现目标，这种责任感会促使他们表现出更多的行为有效性（田喜洲等，2010）。既然组织支持感能够增加员工的行为有效性，那么不利于员工感知组织支持的排斥感和不公平感就可能会抑制其行为的有效性。比如王荣等认为员工感受到的工作排斥感会造成其行为有效性减少的原因有两个：一是面对排斥，员工需要花费大量的时间和精力来处理人际问题并整理情绪，这就会造成投入到有效行为中的精力和时间减少，导致员工的行为有效性降低；二是相对于被排斥者，排斥者可能掌握多一点的资源和信息，这会减少被排斥者信息和资源的获取，进而影响其行为有效性的提高（王荣等，2013）。此外，王荣等还认为，排斥本身就是组织不公平的一种表现，因此做出推测，不公平感可能是造成排斥负面影响员工行为有效性的罪魁祸首。汪新艳等证实了这一观点（汪新艳等，2007）认为，如果个体感知到对组织的投入和得到的收益不相称，就会减少对组织的时间和精力的投入，进而造成角色内绩效行为和角色外公民行为的减少。

2.3 工作－家庭边界与员工行为有效性

随着近几年交流技术的快速发展，工作与家庭之间的界限变得越来越模糊，员工在工作的同时能够借助通信工具处理私人事务，同样也能够在家里处理工作事务，由此引发的问题是如何选择一个合理的工作－家庭边界，使得员工能够灵活性地满足工作与家庭的需求，降低工作与家庭之间的冲突。为了较为清晰的认识这一问题，本书对工作－家庭边界相关的概念、强度、边界跨越能力等含义的界定及相关研究进行了回顾。

2.3.1 工作 – 家庭边界相关概念的界定

工作 – 家庭边界最早是由 Hall 和 Richter 提出的（Hall 等，1988），并被定义为划分工作与家庭领域的分界线。在被划分的两个不同领域中，工作领域一般指的是工作时间和工作场所，而家庭领域则指的是家庭时间和家庭场所，近年来这一领域又逐渐地被泛指为除工作以外的所有私人生活领域（Hecht 等，2009）。人们在两个不同的领域中会遵循不同的规则，形成不同的思维方式，从事不同的活动。传统的理论认为，工作 – 家庭边界包含物理边界、时间边界和心理边界等三种不同类型的边界（Schein，1971）。所谓的物理边界，指的是工作与家庭领域在物理空间上的界限，定义了工作与家庭相关行为发生的地点；时间边界指的是从事工作与家庭相关活动的时间，即在家庭时间内从事家庭相关的事务而在工作时间内从事工作相关的事务；不同于能够直接观察到的物理和时间边界，心理边界则是一种无形边界，决定于个体自身的思维方式、情绪表现，以及行为模式等。

（1）工作 – 家庭边界强度的组织供给与员工偏好的含义

Clark 于 2000 年在上述基础上提出了工作 – 家庭边界理论（work/family boundary theory），认为工作 – 家庭边界描述的是两个领域分割与整合的界限（Clark，2000），包含渗透性和灵活性两个特征（Bulger 等，2007）。所谓的渗透性是指进入家庭领域或工作领域的程度（Bulger 等，2007），比如白领员工，上班可以处理私人事务，下班照样可以处理工作上的事情，他们的工作 – 家庭边界的渗透性就较高；边界灵活性是指在工作或家庭领域，允许个体为了实时应对来自两个领域角色的需求而能够自由转换角色的程度（Bulger 等，2007），比如蓝领员工，工作期间就很难有时间和条件处理个人事务，而下班因缺少设备和工具，也无法继续从事自己在企业中承担的工作任务，他们工作 – 家庭边界的灵活性就较低。不同的工作 –

家庭边界因为渗透性和灵活性的不同，其边界的强度也不同。有些企业为了组织员工在工作中的非工作行为，制定了严格的惩罚措施，这就属于强工作－家庭边界策略；也有些企业允许员工在一定程度上自主地决定工作时间、地点、完成任务的方式，以及允许他们在工作时处理非工作的事物，则属于弱工作－家庭边界策略。当工作－家庭边界完全没有渗透性和弹性时，工作与家庭就是截然分离的两个独立领域；而当这个边界的渗透性和灵活性很强时，工作与家庭就相互整合成为一个有机体，难以区分开来（林彦梅等，2015）。现实生活中，员工的工作与家庭两者完全分离或完全整合的情况较少，因此，Clark（2000）提出了工作与家庭关系的连续统一体模型，认为员工的工作－家庭边界状态是处于完全分离与完全整合之间的某个位置上，因而其边界强度也是出于完全的强工作－家庭边界和完全的弱工作－家庭边界之间的某一位置。随着工作－家庭边界强度的深入研究，目前学者们普遍接受了这一观点，然而由此带来的一个新的问题是如何构建一个适度的工作－家庭边界（韦慧民等，2013）。

Clark（2000）认为工作－家庭边界的强度取决于创建和维护这一边界的相关主体，因此他提出了"边界维持者（border keeper）"和"边界跨越者（border crosser）"的观点。

"边界维持者"主要指的是创建、修订和维持边界的组织和个体，主张工作－家庭边界是由员工和组织双方共同维持的。一般来说，工作－家庭边界强度的组织供给与员工偏好能够分别代表"边界维持者"双方的态度（Kreiner，2006）。其中，作为边界维持者之一的员工对于工作与家庭的整合与分割的喜好反映了其在维持工作－家庭边界强度中的态度。较为极端的表现之一为完全分离或者极弱的工作与家庭边界偏好。此时，员工喜欢下班以后将一切与工作有关的事情抛诸脑后，而在工作时不希望受到任何家庭事务的干扰。另外一种极端表现是工作与家庭完全整合的偏好，即极强工作－家庭边界偏好，具体表现为喜欢将工作与家庭完全混在一起，不分你我。但事实上,Clark(2000)认为极端的表现很少见,大部分员工关于工作－家庭边界强度的偏好还是处于极弱和极强两个极端中的某一点。作为另一个边界的维持者,组织通过制定不同强度的工作－家庭边界策略来维持一定的边界,与员工相似,因为组织文化和资源的不同,不同的组织对待工作－家庭分割与融合的观点也不尽相同,本书将组织所提供的工作－家庭边界管理策略简称为组织供给。

（2）边界跨越能力的含义

"边界跨越者"是指那些必须跨越角色边界的人,比如员工要在工作角色和非工作角色(例如,家庭角色、社团角色、朋友角色、宗教成员角色等)之间跨越,然而员工能否成功地进行跨越取决于两个条件,一个是组织和个体所维持的边界,即工作－家庭边界的组织供给与员工偏好;另外一个则取决于员工是否具有跨越两个领域的能力,即边界跨越能力。边界跨越能力指的是个体对于自己能否在两个领域之间进行有效跨越的认知与评价(Matthews等,2010),边界跨越能力较低的员工,在既定的工作－家庭边界下能够有效地在两个领域之间进行转换角色的能力差(Rothbar等,2005),比如有的员工在家庭时间转换角色处理工作相关的事务时,比较容易受到家庭琐事的干扰而导致其处理工作相关事务的效率降低,而对于边界跨越能力较高的员工来说则刚好相反,即使周围有很多家庭琐事干扰,但仍然能够"物我两忘"全身心地投入到工作中,能够高效地完成工作相关事务。

2.3.2　工作－家庭边界相关概念的测量

基于上文已提出的工作－家庭边界相关概念的含义,对其测量方式进行了回顾。

（1）工作－家庭边界强度的测量

在工作－家庭边界强度的测量工具中,已经出现了一些比较有影响力的量表，比如 Hecht 等开发的工作－家庭边界强度量表（Hecht 等，2009），该量表包含工作边界强度和家庭边界强度两个维度，各有 8 个题项，工作边界强度量表主要包括"在家的时候我也会经常工作；下班以后的时间我也经常在工作；在家的时候，我也经常会收到工作相关的电话、传真、电子邮件等信息；对我来说，一边吃饭一边继续工作也是会有的"等；家庭边界强度量表主要包括："我工作的时候，我完全投入到与工作相关的事情中；在我工作的地方，我会把我个人生活中的事情抛掷脑后；我经常在工作的时候安排一些个人活动，比如做运动或者看书；在我工作的时候，我会尽量花一些时间与我的朋友或者家人联系"等。

Matthews 等（2010）简化了工作－家庭边界强度量表的条目，开发了各包含 4 个条目的工作边界强度和家庭边界强度量表。其中工作边界强度量表含有 4 个题项，比如："当我在工作的时候，我的家人会联系我，我会在工作中思考与家庭各成员有关的事情"等，家庭边界强度量表同样包含 4 个题项，比如"我会在家的时候关注与工作相关的事务；为了解决一个工作问题，我会停下正在进行的家庭活动"等。

Kreiner（2006）为了测量工作－家庭边界强度在组织与个体之间的匹配性，开发了包含 4 个条目的工作－家庭边界强度的组织供给量表与包含 4 个条目的工作－家庭边界强度的员工偏好量表，其中组织供给量表主要包含"我们单位的氛围希望员工上班后不理会任何与工作无关的事情；我们单位的氛围希望员工在工作的时候完全投入到工作中"等，员工偏好量表包含"我不喜欢下班以后还必须去想与工作有关的事情；我更喜欢只在工作时间内工作"等。

（2）边界跨越能力的测量

相较于工作－边界强度的组织供给与员工偏好的测量工具，边界跨越能力测量表的开发相对较晚，这主要是因为现有关于工作－家庭边界的研究，早期主要关注的是组织层面的相应人力资源策略的影响,近期的研究才开始关注个体层面的因素(马璐等,2015)。在边界跨越能力的测量中比较具有代表性并且使用较为广泛的是Matthews等开发的量表(Matthews等,2010),该量表分为工作边界跨越能力和家庭边界跨越能力两个维度分别包含4个题项和5个题项,共有9个题项。其中工作边界跨越能力包括"为了处理家庭相关的事情,我可以决定什么时候去工作或者不工作;如果需要,我可以早点下班去处理家庭相关的问题"等;家庭边界跨越能力包括"基于家庭或者个人生活中必须承担的责任,我没有理由改变原来的计划去做工作相关的事情;如果需要,我可以在不影响承担家庭责任的前提下晚点下班;我的家庭和个人生活中的需要不会阻止我为了工作而早点上班"等。

2.3.3　工作－家庭边界的相关研究

前文中提到了工作－家庭边界强度与边界跨越能力的含义和测量方式,但对它们的前因后果还没有进行回顾,因此,接下来就这一问题进行阐述。

(1)影响工作－家庭边界强度的因素

首先,在对以往文献回顾的基础上发现影响工作－家庭边界强度的因素主要有个体和组织两个方面(见图2-3)。

个体的影响因素方面主要集中于员工的角色认同、工作－家庭边界偏好,以及其职业目标的设定。比如Riketta根据同一性理论认为,个体为了形成一致性的自我认知,往往会表达出与其身份相一致的态度与行为,并因此而将更多的资源投入到其认同的角色中,进而导致其相应的领域渗透到另外的领域中(Riketta,2005;韦慧民等,2013)。OIson－Buchanan通过对西方公立大学的360名非学术员工的调研分析证实了这一观点,发现工作角色认同会导致工作对家庭的渗透,同时家庭角色认同也会导致家庭对工作的渗透(OIson－Buchanan等,2006)。与此同时,员工对于工作－家庭边界的偏好也是影响这一边界形成的一个因素。Rothbard 等发现有的员工喜欢强度稍弱一些的工作－家庭边界，而有的员工则喜欢强一些的工作－家庭边界（Rothbard 等，2005）。此外，员工对于职业发展目标的定位也是影响工作－家庭边界强度的一大因素，Sturges 通过对三个从事建筑行业组织的质性研究发现，当员工将职业发展目标定位较高时，他们往往会为了发展而投入过多的时间和精力，进而导致了工作对家庭的渗透（Sturges，2008）。

组织相关的影响因素主要集中在工作特征、组织制度和组织文化等方面。工作的内容和特点的不同，从而导致工作－家庭边界强度也是有差异的（刘洪等，2013），比如对于流水线工人、银行柜台服务人员，因其工作的特殊性不能随意离开工作岗位，因此其工作－家庭边界的强度普遍较强，而对于 IT 工程师、文学编辑等类似的人员来说，他们的工作对于场所和时间没有固定的要求，可以随时随地借助于远程交流工具进行工作，因此其工作－家庭边界的强度就相对较弱。另外，组织的规章制度也会对工作－家庭边界的强度产生影响（Rothbard 等，2005），比如有的企业实行较为严格的制度，不允许员工在工作时间和场所进行任何与工作无关的事情，则导致工作－家庭边界较强；还有一些企业则支持员工在工作的同时，处理来自家庭的一些急需处理的事情，或者支持员工在工作时进行适当的游戏、健身等，达到休息的目的，因此类似于这样的制度允许员工工作与家庭之间的相互渗透，弱化了其工作－家庭边界。最后，组织的文化特征也会影响员工的工作－家庭边界，比如如果组织的文化特点偏向于"牺牲小我、成就大我"集体主义的文化，那么由此而导致的工作对家庭的渗透较高，反之，如果组织的文化特征偏向于个体主义的文化，出于对员工私人生活的尊重，往往会避免工作对其家庭的干扰，因此工作－家庭边界相对较强。

工作－家庭边界形成的前因后果，如图 2-3 所示。图 2-3 是韦慧民等人刊于《科学学与科学技术管理》2013 年第 5 期的《工作－非工作边界渗透及其管理研究》一文的基础上整理而成（韦慧民等，2013）。

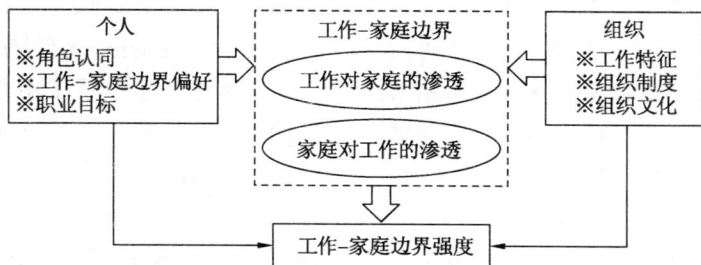

图2-3　工作－家庭边界形成的前因后果

（2）边界跨越能力的文献回顾

以往的边界跨越能力研究主要集中于两个方面：一个是边界跨越能力对工作－家庭平衡的影响。Bulger等在对332名员工的工作－家庭边界管理的研究中发现，边界跨越能力与工作对家庭的冲突负相关，但发现与家庭对工作冲突的关系不显著，还发现家庭边界跨越能力与家庭对工作的冲突也是负相关关系，同时与工作对家庭冲突的关系不显著（Bulger等，2007）。Matthews等不仅证实了Bulger等的观点，还进一步发现边界跨越能力与家庭对工作的冲突正相关，家庭边界跨越能力与工作对家庭的冲突负相关（Matthews等，2010；Bulger等，2007）。马宏宇等基于来自中国的490名员工的调研数据分析也发现，边界跨越能力能够降低工作对家庭的冲突，家庭边界能力能够降低家庭对工作的冲突（马宏宇等，2014）。另外一个则是边界跨越能力在工作－家庭边界强度与其影响结果的关系中起调节作用。例如，王三银等通过对314名员工的问卷调查中发现，边界跨越能力在工作边界强度与员工的组织认同之间起着调节作用，在弱工作边界的情况下，具有较高工作边界跨越能力的员工对组织的认同度较高（王三银等，2016）。

2.3.4 工作 – 家庭边界与员工行为有效性之间的关系

在讨论工作 – 家庭边界的相关文献中,大部分文献集中讨论的是由于工作与家庭领域之间的整合与分离所引起的角色模糊、冲突、角色超载等角色压力问题。还有一些文献进一步分析了由角色压力所导致的一系列心理、态度等方面的结果。只有较少的文献研究了工作 – 家庭边界与绩效、公民行为等角色行为有效性方面的问题,并且观点并不一致。

一种观点认为,工作 – 家庭边界强度越低,意味着两个领域边界之间的渗透性和灵活性就越高,员工因此根据需要能够及时从一个领域切换到另外一个领域的自主性就越高。比如在工作/家庭的时间内,家庭/工作突然有很紧急的事务需要处理时,强度较低的工作 – 家庭边界允许员工及时停止工作来满足家庭/工作的需要,因此在这种情况下,员工比较容易将这种强度较弱的工作 – 家庭边界管理策略视为一种组织支持,进而作为交换,表现出更加有效的行为(Almer 等,2002 ; McNall 等,2010 ; Sluss 等,2008 ; Ngo 等,2009 ; 张伶等,2011 ; Martin 等,2012 ; Bloom 等,2015)。Martin 等基于 991 篇有关远程工作(属于弱工作 – 家庭边界策略的一种)的元分析发现,远程工作能够促进员工的工作绩效,降低他们的离职意愿并且会增加他们的组织承诺(Martin 等,2012)。Bloom 等在中国携程网历时两年进行的一项由 500 人参与的实验证实了这一结论,发现工作 – 家庭边界强度较弱的在家远程办公的员工不仅效率比工作 – 家庭边界强度较高的在传统办公室办公的同事高很多,还将更多的时间用于工作(Bloom 等,2015)。

然而,另一种观点则认为较弱的工作 – 家庭边界容易引起角色间的频繁互换,导致工作与家庭冲突的加剧,进而不利于员工积极行为的产生(刘洪等,2013),也就是说,他们认为工作 – 家庭边界越强越能促进员工行为的有效性(Bulger 等,2007 ; Kattenbach 等,

2010；Yun 等,2012；高中华等,2014）。原因是较强的边界允许员工将工作与家庭领域分割开来,当员工处在家庭领域时,他们可以将工作抛之脑后,专心享受生活,这容易给他们带来积极的情绪体验（Yun 等,2012；韦慧民等,2015）,当员工带着这样的积极情绪进入工作领域时,容易表现出较为有效的行为（Williams 等,1994；刘洪等,2013）；当员工处在工作领域时,较强的边界又会阻止他们去从事与工作无关的事物,使他们更容易全身心地投入到工作中,产生更高的行为有效性（高中华等,2014；韦慧民等,2015；马红宇等,2014）。例如,Kattenbach 等通过对德国 17 个不同组织的 167 名员工的调研发现,工作与家庭边界的强度较低时容易引起角色间的频繁互换,导致工作与家庭冲突的加剧,进而不利于员工积极行为的产生。只有当工作－家庭边界强度较强时,员工才能从家庭领域脱离,全身心地投入到工作中,表现出较为积极的行为（Kattenbach 等,2010）。

从以上分析可以看出,学者们似乎都认为通过管理工作－家庭边界能够有效地促进员工行为的有效性,但对于采取较弱还是较强的工作－家庭边界策略更好,却各执一词。本研究认为,以往研究结论不一致的原因可能是很多组织往往实施的都是统一强度的工作－家庭边界策略（林彦梅等,2015）,忽略了工作－家庭边界强度的差异性及员工偏好的差异性。事实上,工作－家庭边界策略仅仅代表了组织在工作－家庭边界强度上的态度,员工才是工作－家庭边界强度的最终落实者。因此,统一强度的工作边界强度只有在满足大部分员工工作－家庭边界的偏好时才会表现出积极的结果,否则就会表现出消极的结果（Clark,2000）。

2.4 组织认同

2.4.1 组织认同的概念

事实上,关于组织认同的界定一直备受争议,而其根源在于与组织承诺之间的关系。大多数的学者经常把组织认同和组织承诺混淆在一起(Ashforth 等,1989;Dick,2004)。例如,Mowday 等将组织承诺定义为个人认同并投入特定组织的程度,包括对组织目标和价值观的接受程度,努力为组织工作的意愿及留在组织继续任职的愿望(Mowday 等,1979)。Allen 等在 Mowday 等研究的基础上也提出了组织承诺的定义(Allen 等,1990;Mowday 等,1979),认为组织承诺是员工对组织的感情、认同和投入的体现。由此可见,他们都认为组织认同是组织承诺的一部分,这在他们开发的组织承诺和组织认同的量表上有着直接的体现。还有一部分学者认为,组织认同与组织承诺之间的高重叠性,只能说明二者的含义是一样的(Wallace,1993)。例如,Cohen 直接用组织认同的研究结论来分析组织承诺(Cohen,1992),Elsbach 甚至直接用组织认同来替代组织承诺(Elsbach,1999)。正是因为组织认同和组织承诺之间的这种复杂关系,很多学者甚至在研究组织认同的过程中尽量避免组织承诺的出现。

然而,更多的研究表明,二者是含义不同的概念。Ashforth 等从社会认知的角度对二者进行了区分(Ashforth 等,1989),首先他们认为组织承诺强调的是个体与组织这两个不同实体之间的情感依附,强调的是个体对组织的积极态度,而这里的个体与组织是彼此相互独立的两个实体。与之相反,组织认同更多的是强调个体与组织这两个实体之间的一致性,这种一致性把两个不同的实体融合成了组织身份这一个实体。其次,对于组织认同与组织承诺之间的不同,很多学者对此进行了证明。Mael 等发现尽管组织认同和组织承诺

都与工作满意度、组织满意度和工作投入等变量之间有着明显的相关关系,但显然,二者对工作满意等变量的影响机制有着显著的不同(Mael 等,1992)。关于二者的不同在 Riketta 的组织认同元分析中再次得到了证明(Riketta,2005),他发现组织认同与组织承诺的平均结果在统计上存在显著性差异。

　　为了全面理解组织认同概念的内涵,还有必要理清其与组织认知(organizational identity)之间的关系。Albert 等认为组织认知强调的是组织核心的(central)、持久的(enduring)和与众不同的(distinctive)特征(Albert 等,1985)。组织认知回答的是"我们是谁",与其相对应的是自我认知。自我认知主要回答了"我是谁",强调的是与他人不同的个人特质。组织认同则强调的是自我认知与组织认知的一致性(如图 2-4 所示)。

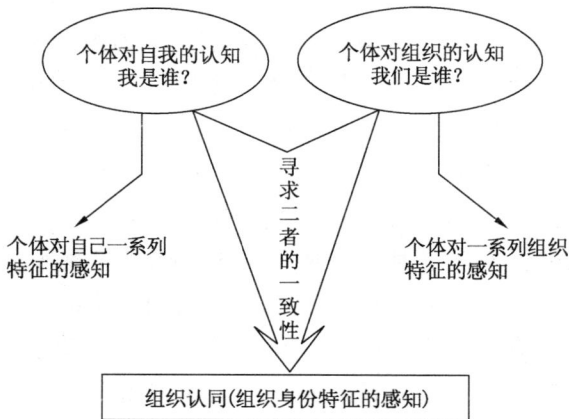

图 2-4　组织认知与组织认同的区别

　　除此以外,Mael 等还区分了组织认同与工作满意度、组织满意度、工作投入之间的关系(Mael 等,1992),他们发现,组织认同与这三者之间的重叠性很小,甚至远远小于组织承诺与他们的关系。

　　综上所述,组织认同和组织承诺及组织认知之间是有区别的,尽管组织认同和组织承诺之间有部分的重叠,但二者是两个不同且相对独立的构念。组织认同和组织认知的区别在于组织认知是组织认同的前提。从上述的分析中可以看出,组织认同实际上是组织身份建构的一个过程,而在这个过程受到员工对内外部环境因素的感知影响。而组织认同作为一个独立的区别性的构念并被大家所广泛接受也是最近才有的事情。综上所述,本书认为组织认同反映的是个体把自己组织化的自我判定,是个体在认知的基础上内化组织价值观的结果。具体表现为个体对组织在归属感、自豪感和忠诚度等方面流露出的情感归依。

2.4.2　组织认同的测量

组织认同概念的多样性增加了其量表的开发难度,最早具有代表性的组织认同量表是 Chenney 提出的三维度量表(Chenney,1983)。Chenney 认为组织认同包含成员感、忠诚度和相似性 3 个维度,以此为基础,他开发出了包括 25 个题项的量表。Johnson 等对该量表进行了多次的验证性分析(Johnson,1999),发现其 α 系数分别为 0.92,0.94,0.94。虽然该量表信度很高,题项丰富,然而有学者发现该量表与组织承诺量表的重叠太高(Riketta,2005)。正是因为这种高重叠性,有学者甚至直接用组织承诺的量表来测量组织认同,但显然这样的做法并不合适,因为随着组织认同研究的不断深入,学者们普遍认为组织认同不能够完全等同于组织承诺,但显然,用组织承诺量表来测量组织认同,否定了组织认同构念作为一个独立构念的区别性。

随后,Mael 等根据他们在 1989 年基于社会认知和自我分类理论视角下提出的组织认同含义(Mael 等,1992;Ashforth 等,1989),建立了单维的组织认同量表。该量表包含 6 个题项"当有人指责我所在企业时,我就会觉得像在指责我一样""我非常在意别人对我所在公司的评价""我经常用'我们'来描述我所在的公司而不是'他们'""我认为,我所在企业的成功也是我的成功""当别人赞美我所在企业时,我感觉就像是在称赞我一样""如果有媒体批评我所在企业,我会觉得有些尴尬"。此后大多数学者沿用该量表并对其进行了检验,Riketta(2005)的元分析也表明该量表已经成为当前认可度最高的量表,其原因在于该量表能够有效地把组织认同和组织承诺区分开来。

然而,或许是为了撇清与组织承诺的关系,Mael 等的量表中的题项基本都是关于认知方面的问题(Mael 等,1992),事实上,根据Kreiner 等对组织认同的定义(Kreiner 等,2004),员工不仅仅是通过对组织的认知,还有对组织的情感(affective)进行自我定位(self – definition)。Dick 根据组织认同所聚焦的层面(生涯、团队、组织和职业)的不同将组织认同分成"认知""情感""评价"和"行为"4 个维度,在此基础上开发的量表包括 30 个题项(Dick,2004)。

虽然 Dick 的量表已经包含了情感方面的内容(Dick,2004),然而 Johnson 等(2012)认为,Dick 的量表中关于情感方面的题项太少,不能充分地体现情感的维度,比如 Dick 的量表中只有"我喜欢在这个组织工作"体现的是情感的维度。因此,Johnson 等在回顾以往组织认同量表的基础上(Johnson 等,2012),开发出了充分体现认知与情感维度的组织认同量表,共包含 8 个题项,其中认知与情感维度各4 个题项。Johnson 等还将其新开发的量表与当前使用最广泛的 Male 等的量表进行了比较(Johnson 等,2012;Mael 等,1992),他发现新开发的 8 条目量表($x^2 = 43.51$,$NNFI = 0.99$,$CFI = 0.99$,$RMSEA = 0.03$)的拟合效果要远远好于 Mael 等的量表($x^2 = 888.15$,$NNFI = 0.58$,$CFI = 0.70$,$RMSEA = 0.24$)(Mael 等,1992)。

综上可以看出,虽然学者们先后开发出了各种不同的组织认同测量工具,但显然目前还没有一种被广泛认可并且使用范围较广的量表。究其原因,可能是由于学者们对组织认同的理解比较零乱,以至于开发出的量表应用范围较窄。因此,未来首先需要对组织认同含义做出被广泛认可的解释,进而开发出理想的量表。

2.4.3 组织认同的相关研究

（1）组织认同的影响因素

组织认同关注的是个人与组织的一致性,虽然这种认同有利于个体和组织的发展,但需要注意的是,认同的前提是员工对组织身份的感知。因此,从现有的研究来看,组织、领导和个体因素会极大地促进或阻碍这种行为的发生。

① 组织视角影响因素

一些学者以环境不确定性理论为基础研究了组织公平和沟通对员工组织认同的影响。Cooper 等认为员工所处环境的不确定性是影响组织认同的关键因素（Cooper 等,2010）,而组织公平感又是降低员工不确定性感知的重要影响因素,因而,组织公平感的变化会影响组织认同的程度。员工的组织认同实际上是个人身份组织化的过程,Buillis 等指出这个过程是一个很关键和敏感的时期（Buillis 等,1989）,此时,如果员工感受到组织的不公正,这种认知就会导致员工与组织的疏离,进而影响员工与组织的一致性匹配。因此,员工总是希望一个公平的组织环境,以减少不确定的感知,增加对组织的认同感。

Chenney 从资源观视角检验了企业的外在形象与组织认同之间的关系（Chenney,1983）。Chenney 认为,企业的外在形象是一种无形的资源,组织和员工都希望拥有这种无形的资源。组织能够通过这种无形的资源获得员工的认同,进而提升其竞争力。员工倾向于企业能够拥有正面的形象,因为正面的形象能够获取较多的外部自尊,进而增加对组织的认同。也就是说,员工所在组织的外在形象,能够让员工在朋友、家人等面前更有面子,进而满足了员工的自尊心,提升了其个人形象,从而使得员工更加认同自己的组织。Dukerich 等以美国的 3 个主要非盈利卫生系统的 1 504 个内科医生为样本,分两个时段（间隔一年）研究了组织的外在形象（external image）与组织认同的关系，证实二者之间的关系是正向的（Dukerich 等，2002）。

还有一些学者基于沟通理论的视角分析了沟通氛围对组织认同产生的影响，认为积极的沟通氛围会让更多的员工参与到组织决策的制定中（McCauley 等，1992）。一方面，因为有着直接的参与，最终决策的制定一定是大家普遍认同的结果，这样，员工在对自己进行归类的过程中，更加容易认为自己是组织中一个比较重要的角色，相应地，会更加认同自己的组织。另一方面，在决策参与中，与领导、同事的交流会增加员工与领导、同事之间的信任，以及对自我价值的感知，这种信任和感知同样会增加员工对组织身份的认同（Schaubroeck 等，2013）。

关于组织支持对组织认同影响的分析，更多的是基于社会交换理论的视角。Coyle - Shapiro 等认为员工与组织之间的关系主要取决于两者之间利益的互惠互换（Coyle - Shapiro 等，2005）。当组织满足了员工的某些社会需求时，员工会感觉到组织对其的支持，作为回报，员工会将更多的社会情感投入到其所在组织，组织也因此将获得员工更多的认同感。另外，值得注意的是，还有较少的学者研究了工作特征对组织认同的影响。Katrinli 等以一家医院的 148 名护士为样本，研究了任务多样性（task variety）、任务完整性（task identity）、任务重要性（task significance）、自主权（autonomy）、任务反馈（feedback from the job itself）、管理者反馈（feedback from agents）、合作性（dealing with others）等工作特征对组织认同的影响（Katrinli 等，2009），他发现任务完整性和自主权通过工作投入对组织认同产生正向的影响，而工作特征的其他维度与组织认同之间的关系不显著。

② 领导视角影响因素

一些学者基于社会交换理论，研究了不同类型的领导对组织认同的影响。Avolio 等认为员工的直接领导在员工的日常工作中扮演了一个很重要的角色,领导的行为会对其与员工之间的关系及员工的组织认同起着潜移默化的影响作用(Avolio 等,2009)。同时,领导与员工的关系遵循社会交换的互惠互利原则,员工在感到来自领导的信任、关心和支持时,作为交换,他们也会表现出对领导忠心耿耿,支持领导、努力工作,组织认同也会更高(Schaubroeck 等,2013)。因此,不同的领导风格会对员工的认同产生重要的影响。Epitropaki 等以希腊的 502 个员工为样本研究了交易型领导、变革型领导与组织认同之间的关系(Epitropaki 等,2005),研究发现变革型领导和交易型领导都对组织认同有着正向的影响,但变革型领导的影响效应更加显著。进一步研究发现,个人的依赖型 – 独立型自我图式(self – schema)会对交易型领导风格与组织认同之间的关系起着调节作用,依赖型自我会表现出正向的调节,而独立型自我表现出负向的调节。但依赖型 – 独立型自我图式对变革型领导与组织认同之间的调节作用不明显。此外,他们认为情绪是影响领导风格与组织认同关系的一个重要因素,他们发现较强的积极情绪和较少的负面情绪能够使这两种领导风格与组织认同之间的正向关系更加明显。

③ 个体视角影响因素

一些学者研究了人口统计学特征对组织认同的影响。Riketta 的元分析表明,不同组织任期、年龄和职位的员工对组织认同的感知存在显著差异(Riketta,2005)。这似乎告诉我们,员工的差异性可能导致其对组织的认同有所不同。然而,最近的文献表明,组织任期、年龄和职位并不会对员工的组织认同造成显著性的影响(Epitropaki,2013)。总体来看,关于人口统计学特征对组织认同的影响似乎并没有一个统一的结论,虽然,这种情况可能与研究情境有关,然而,不可否认的是,关于人口统计学特征对组织认同的影响似乎还需要进一步的研究。

还有一部分学者基于个性特质等心理学理论探讨了五大人格特质、组织自尊等与组织认同之间的关系。王三银等认为个人特质正如中国的一句古老谚语"江山易改本性难移"那样,是一个相对很难改变的变量,员工在进入组织以前已经形成自己的个性,因此,研究个性特征对组织变量的影响没有太大的意义(王三银等,2015)。然而,正如 Zimbardo 所认为的,人格是个人在不同时间、不同情境中所表现出来的独特的心理特质,决定了个人适应环境的行为模式及思考方式(Zimbardo,2000)。因此,王三银等认为个性特征是影响员工行为和组织产出的关键因素,有必要研究其对组织变量的影响(王三银等,2015)。Aghaz 等以伊朗科研部门的 250 名员工为样本研究了个性特征(大五人格)对组织认同的影响(Aghaz 等,2014),他们发现个性特征和组织认同之间是正相关的。其中亲和性、外向性能够促进员工的组织认同,而情绪稳定性与组织认同之间是负相关的,但勤勉正直性和开放学习性与组织认同之间的关系并不显著。Johnson 等认为情绪稳定性个体倾向于减少各种不确定性,而不确定性的减少与认知认同(cognitive identification)是相关的(Johnson 等,2012),也就是说,不确定性会涉及员工怎样认知自己及怎样定位自己在组织中的位置,因此情绪稳定性和组织认同中的认知认同(cognitive identification)是一种正相关的关系。他还认为,外向性与组织认同中的情感认同(Affective identification)之间也是一种正相关关系,因为,外向性会加强员工对于自己在组织中的感觉,比如是不是乐意成为这个组织中的一员。

Caroline 等对在家工作的 434 名远程工作者进行了研究(Caroline 等,2012),探讨了空间隔离、自尊对组织认同的影响,他发现员工在组织中所感知到的尊重感越强,那么他就会在情感和行为上偏向于该组织,对组织的认同也会相应地得到提升。

(2)组织认同的影响结果

正如栾琨和谢小云所指出的(栾琨等,2014),认同感会使员工在情感方面紧紧依附于所认同的组织身份,而感知到的同一性则会使该组织身份所包含的目标规范和价值观等对个体的心理和行为产生指导性影响。因此，接下来本书从员工心理和行为两大方面来梳理和介绍组织认同的影响结果。

① 组织认同对员工心理的影响

现有的研究主要从身心健康（well－being）和工作态度两个方面分析组织认同对员工心理产生的影响。

已有研究发现，较高的组织认同会对员工的身心健康产生积极的影响。Hogg 和 Terry 认为（Hogg 等，2000）：组织认同能够满足员工的安全感、归属感、自我促进和降低不确定性等需求；组织认同比较高的员工，倾向于从组织的利益角度来考虑问题，因此，他们会表现出更多的合作与互相支持。Hogg 和 Terry 认为，基于这两方面的原因，员工的身心健康会得到极大的保证（Hogg 等，2000）。Wegge 等以德国两个客服中心的 372 个客服代表为样本，研究了工作动机、组织认同和员工身心健康的关系，研究发现，员工对所在组织的认同越高，越倾向于表现出较高的工作动机和身心健康（Wegge 等，2006）。Wegge 等对此进行了解释（Wegge 等，2006），比如他认为组织认同较高的员工之所以会感觉到较少的压力，是因为两个方面的原因：一方面，由于对组织的这种高度认同，这类员工很少违反组织的行为规范（比如，员工必须一直友好地对待客户），遵循组织规范已经成为他们的一种自觉行为；另一方面，这类员工会拥有较高的社会支持来解决压力源。然而，值得注意的是，最近也有研究表明，组织认同也可能会对员工的身心健康产生负面的影响。Dick 和 Haslam 认为，对组织的过度认同往往会使员工把组织的目标完全当成自己的目标，因此，他们可能会为了完成组织的目标而把自己的时间和精力过度地投入到工作中，进而对他们的身心健康造成危害（Dick 等，2012）。

以往研究主要考察了员工的工作满意度与离职意向这两种典型的工作态度。一方面，Tajfel 等认为，如果个体对自己的群体认同比较高，他就会倾向于从集体的利益出发，与其他群体成员建立共同的、友好的、合作的关系。与此同时,他会感知到更高的工作满意度(Tajfel 等,1978)。Dick 以德国的 233 个教师和 358 名银行会计为样本证实了 Tajfel 等的观点(Dick,2004),他发现,组织认同的不同会影响工作满意的改变,认为组织认同包含两个维度:认知认同(cognitive identification)和情感认同(affective identification)。Johnson 等在对 749 名高年级的本科生为样本的研究中(Johnson 等,2012)发现:认知认同和情感认同都会对工作满意度产生正向的影响,并且情感认同对工作满意的影响远远大于认知认同;根据 Tajfel 等的观点(Tajfel 等,1978),个体总是争取积极的组织认同,如果没有获得满意的组织认同,他就会离开其所在组织而进入其更加认同的组织。比如,Michael 和 Bruch 对一家钢铁生产商的 10948 名员工调查发现(Michael 等,2006),基层员工的组织认同较高时会很大程度地降低其离职意向。Dick 的研究也表明团队认同与学校认同的"情感"维度可大大降低离职意图(Dick,2004)。

② 组织认同对员工行为的影响

理解组织认同对员工组织行为的影响是近 20 年来比较热门的一个话题,学者们普遍认为组织认同能够带来积极的工作绩效和组织公民行为。

就工作绩效而言,现有研究普遍认为,组织认同和总体工作绩效之间是一种正向的关系。Walumbwa 等对美国 6 个银行组织的 437 名职员的调研发现(Walumbwa 等,2008),员工的组织认同程度对其工作绩效能够产生比较明显的正向作用。与此同时,还有学者深入分析了组织认同对不同类型工作绩效的预测作用。Riketta 的研究显示,组织认同与角色内绩效、角色外绩效均呈显著正向相关关系(Riketta,2005)。Amabile 等发现组织认同能正向地影响员工的创新绩效,他们认为较高的组织认同能够促使员工勇于表达他们对工作、组织的新想法,进而改进工作和组织效率(Amabile 等,1996)。Homburg 等在对 109 个旅行社的 258 名员工和 597 名顾客的研究中发现,如果员工的组织认同比较高,则其服务的客户就会表现出更高的满意度和忠诚度,进而能够改进旅行社的金融绩效(Homburg 等,2009)。

此外,还有学者研究了组织认同对员工组织公民行为(OCB)的影响。结论均显示组织认同与 OCB 显著正相关。例如,Dick 等证实(Dick 等,2006),很多研究都认为组织认同与 OCB 之间存在一定的关系,组织认同是 OCB 的一个重要的前因变量。Chen 等对台湾的 167 名男护士的横断面研究发现(Chen 等,2013),员工的组织认同与 OCB 之间确实存在显著的正向相关关系,并且他认为,组织认同是影响员工 OCB 的一个重要因素。Johnson 等把组织认同划分为认知认同和情感认同两个维度,他发现,这两个维度都能正向地影响 OCB(Johnson 等,2012)。除此以外,Lipponen 等发现较高的组织认同和开放性的价值观念能够促进员工的创新性行为(Lipponen 等,2008)。Liu 等认为组织认同还能够促使员工发挥主人翁的精神,提出有益于组织的一些建设性批评与合理的意见(Liu 等,2010)。

(3)组织认同的中介作用

正如前文所述,组织认同是员工对于其组织身份的感知程度,会受到组织环境特征的影响,并且是员工态度与行为的源发性动力(Riketta,2005),因此在组织管理的研究中有很多学者用组织认同来解释个人、组织、领导特征等对员工态度和行为影响的机制。

在个人因素方面,申继亮等通过对 545 名教师的问卷调查发现,组织认同显著地解释了精神质和神经质对员工工作倦怠的负面影响,以及外向性对工作倦怠的积极影响(申继亮等,2009)。邱茜在 220 份问卷调查获得的数据基础上研究了基于工作满意度和组织认同中介作用的领导者人格特质对破坏性领导的影响,发现工作满意和组织认同解释了领导者人格特质与破坏性领导行为之间的关系(邱茜,2016)。熊明良等以 383 名建筑企业员工为被试样本,运用相关分析、偏相关分析、回归分析及路径分析等统计方法分析发现，工作满意度通过组织认同对员工的离职倾向产生积极的影响（熊明良等，2008）。

　　在领导因素方面，王国猛等基于16家企业的693名员工的调研分析表明，家长式领导之所以会对员工进谏行为产生正向影响，是因为组织认同在其中起着完全的中介作用（王国猛等，2013）。Walumbwa等通过对来自中国的一家大型制药合资企业的72名主管与201名下属的调研发现伦理型领导对员工绩效的影响中，组织认同起着完全的中介作用（Walumbwa等，2011a），与此同时，Walumbwa等的另外一项对一家大型汽车企业的75名主管和426名下属的配对样本的分析中还发现，关系认同解释了变革型领导对员工绩效的正向影响（Walumbwa等，2011b）。Zhang等对中国北方的两家大型电信企业的469名主管与下属的纵向调研分析发现，主管认同、自我决定和组织认同共同解释了变革型领导风格对员工组织公民行为的影响（Zhang等，2013）。王林雪等对西安高新区科技型企业的206名员工的两阶段调研分析也表明，变革型领导、事务型领导和被动-回避型领导通过员工的组织认同对员工的创新行为产生正向的影响（王林雪等，2014）。此外，Loi等的研究还表明组织认同解释了领导-成员关系对员工工作满意的影响（Loi等，2014）。

　　在组织因素方面，何立等的研究发现，组织认同解释了支持鼓励型组织文化、创新合作型组织文化和官僚制度型组织文化对员工工作投入的影响（何立等，2008）。李燕萍等对304名员工样本和34份团队样本的分析发现，在个体的集体主义导向、团队的集体主义氛围与员工的工作幸福感的关系中起着完全的中介作用（李燕萍等，2014）。吴隆增等以两家大型石化企业中的258名员工和102名主管为研究对象，利用层级回归的方法分析发现工作场所中的职场排斥对员工组织公民行为的负向影响完全是通过组织认同的中介作用实现的（吴隆增等，2010）。张四龙等对30家企业的1131名员工的调研分析发现,组织认同完全中介组织关爱型道德氛围对员工组织公民行为的正向影响(张四龙等,2013)。王三银等还发现组织认同解释了创新氛围对员工创新行为的正向影响(王三银等,2015a)。此外,还有学者发现,组织认同还能解释组织人力资源管理政策的影响效应,比如张伶等对550名主管与下属的配对样本的分析表明,在家庭亲善政策对员工的创新行为的影响中,组织认同起着一定的中介作用(张伶等,2014)。李辉等基于62名人力资源主管和632名员工的配对样本研究了高绩效的人力资源管理实践对员工角色行为的影响,发现组织认同在其中起着中介作用(李辉等,2013)。

组织认同的前因后果,如图2-5所示。

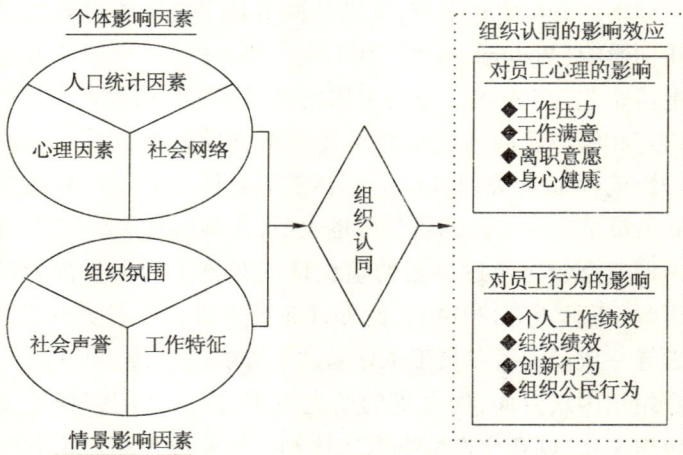

图2-5 组织认同的前因后果

2.5 组织自尊

2.5.1 组织自尊的概念

自尊(self‐esteem)指的是个体对自我价值和能力的一种自我

信念,对员工的态度和行为有着重要的影响,高自尊的个体往往更加容易表现出积极的态度和行为(Bowling 等,2010)。虽然很多学者将自尊视为员工对自我能力和价值的认知,是一个认知性的概念,但还有一些学者认为自尊也包含情感成分,比如高自尊的人往往喜欢类似于"我和其他人一样是有价值的人;我对我自己感到满意"(这两个题项来自于被广泛使用的 Rosenberg 等于 1965 年所开发的量表)这样的表述(Rosenberg 等,1965;Pierce 等,2004)。自尊是一个多层次的概念,个体在扮演不同角色时,所感受到的能力和价值也是不同的,比如当一个人作为一个学生学习时,因为感觉自己的学习能力很强而拥有较高的自尊,但作为一个员工时,因其工作能力和价值一般可能感受到的是较低的自尊(Bowling 等,2010)。

基于个体在组织中的员工角色,Pierce 等首次提出了组织自尊(organization - self - esteem)的概念(Pierce 等,1989),认为组织自尊是个体对组织身份满足自己需要的程度认知,反映了个体在组织中的价值和能力的大小。组织自尊较高的人往往比较容易感知到自己在组织中是重要的、胜任力强的和有价值的,进而较为认可组织,表现出较为积极的态度和行为;组织自尊较低的人则刚好相反,往往觉得自己在组织中是不重要的、可有可无的,容易产生消极的态度和行为。Pierce 等根据组织自尊的来源不同将其分为环境自尊、社交自尊和经验自尊(Pierce 等,2004)。所谓的环境自尊,指的是员工基于组织环境所感受到的价值大小,比如当组织所提供的福利政策等制度满足员工的喜好时,会因此而感受到自己被组织所重视,进而感知到较高的组织自尊;社交自尊,指的是个体基于重要的人物对其的反应而感受到的价值大小,比如领导肯定了他的工作表现,员工会因此而感知到较高的价值;经验自尊,体现的是员工基于自己以往的经验而相信自己能够做好某件事情的程度。

2.5.2　组织自尊的测量

源于学者们对组织自尊内涵不断深入的认知，其测量方式也在不断地演变。Pierce 等在提出组织自尊的概念时（Pierce 等，1989），也发展了相应的测量方式，提出了包含 10 个条目的单维度测量工具，其中包含：单位对我非常重视；单位对我非常信赖；单位对我很信任；在单位里，我很有分量；在单位里，我是有用的人；在单位里，我是有价值的人；在单位里，我是有效率的人；在单位里，我是受重视的人；我对单位的发展有影响；我的同事很愿意与我合作等。这一量表的信度和效度在很多学者的研究中得到证实，并且成为目前使用最为广泛地组织自尊测量量表（Bowling 等，2010）。

后来 Lee 对组织自尊的单维结构提出了质疑（Lee，2003），他以韩国的两家大型银行为研究对象，发现了组织自尊可能存在二维结构，认为 Pierce 等的组织自尊量表中的"在单位里，我是有效率的人""在单位里，我是受重视的人"两个条目和另外 8 个条目应该分属于两个不同的维度（Pierce 等，1989）。但遗憾的是，Lee 的这一结论并没有像 Pierce 等的单维结构一样被人们所广泛关注（Lee，2003；Pierce 等，1989）。

综上所述，尽管学者们关于组织自尊的结构有着不同的观点，但不管是组织自尊的一维结构还是二维结构，都包含 Pierce 等提出的10 个条目。鉴于目前组织自尊测量工具使用的普及性，本书拟采用Pierce 等的单维度 10 条目量表来测量组织自尊（Pierce 等，1989）。

2.5.3　组织自尊的相关研究

上文揭示了组织自尊的内涵和测量，接下来针对现有研究中关于其前因后果及中介作用的进行回顾。

（1）组织自尊的前因变量

组织自尊的认知是员工根据外部所接受的信息对自身能力和

价值的一种评价,因此会受到组织中的环境因素及个人特征的影响。从现有的研究来看,组织环境中的组织特征、工作特征及任期、效能感等个人特征会对员工的组织自尊产生影响。

① 组织特征对组织自尊的影响

由于组织自尊是自尊在组织层面上的体现,因此会受到与组织环境有关的一些因素的影响。一方面,有学者发现组织结构的特征会影响员工对自我价值的感知。比如 Pierce 等和 Tan 等分别发现机械式组织和有机组织对员工的组织自尊分别产生负面和正面的影响(Pierce 等,1989;Tan 等,1997);Ragins 等以 1 162 名员工为样本证实组织规模与员工的组织自尊之间存在负相关关系(Ragins 等,2000)。另一方面,组织所提供的公平环境,工作自主权及对员工的关怀、支持等举措都能增加员工的组织自尊感知。例如,Ferris 等通过对 290 名个体历经一年的纵向研究发现,员工感受到的组织支持和领导成员关系与其组织自尊之间存在正向相关关系,可见组织支持及领导对员工的态度在对员工组织自尊的影响因素中占有较大比重(Ferris 等,2009)。Mcallister 等利用来自美国加利福尼亚州的 186 名 MBA 学生及其同事的调研发现,员工所能感受到的组织关怀和组织公平都对其组织自尊有着积极的影响(Mcallister 等,2002)。此外,还有学者发现,领导的行为和特征也能对员工的组织自尊产生一定的影响。Cremer 等认为奖励型的领导风格会更容易让员工感受到较高的组织自尊,其原因是这样的领导因为对员工工作成果的积极认可而让其容易感受到自己在组织中的价值(Cremer 等,2005)。严丹等证实另外一种辱虐型的管理风格则不利于员工对组织自尊的感知(严丹等,2011)。

② 工作特征对组织自尊的影响

Lee 通过对两家来自韩国的大型银行的调研分析发现(Lee,2003),工作复杂性、管理参与和工作安全感与员工的组织自尊之间存在正向相关关系,较高的工作复杂性容易引起员工的兴趣并进而产生较高的成就感，而较高的管理参与能够让员工感知到组织对其的信任进而增强组织自尊感，工作安全感则会增加组织对员工支持的感知进而增加其组织自尊感，并且 Lee 等还发现内部的工作特性（工作复杂性和管理参与感）比外部的工作特征（工作安全感）更容易促进员工的组织自尊（Lee，2003）。Mcallister 等还发现工作特征中的工作自主权也会对员工的组织自尊产生积极的影响，较高的自主权容易被员工解读为组织对其的支持和信任，因此而感受到较高的组织自尊（Mcallister 等，2002）。Hui 等的研究表明，在员工的成就动机和多任务倾向都高的情况下，工作多样性对组织的正向影响更加显著（Hui 等，2010）。

③ 个人特征对组织自尊的影响

组织自尊是个体基于外部环境对自我的认知，因此会受到其自身条件的影响。Lee 等的研究发现，包含性别和工作任期的人口统计学变量对员工组织自尊的感知都会产生一定的影响，女性比男性更容易感受到组织自尊，同时，Hughes 等的横截面研究还表明，任期较长的员工比任期较短的员工更容易感受到组织自尊。此外，人格特征也是影响员工组织自尊感知的影响因素。Gardner 等对来自于美国中西部地区的一家建筑企业的 186 名员工的调研分析发现，员工的自我效能感越高越容易感知到较高的组织自尊（Gardner 等，1998）。Pierce 等对一家美国大型矿业公司的 236 名员工的纵向研究发现，不仅工作特征能够显著地预测员工的组织自尊，而且员工的自我核心评价同样是预测员工组织自尊的重要变量，发现较高的核心自我评价往往来源于其多次的成功经历，而这种成功的经历有助于其产生较高的自信，形成较高的组织自尊，同时较高的工作特征环境还会强化员工的自我核心评价并进而产生较高的组织自尊（Pierce 等，2009）。

（2）组织自尊的结果变量

有学者发现，组织自尊能够对员工的工作态度产生一定的影响。其中主要的理论基础是与认知失调理论（cognitive dissonance theory）和状态一致性理论（status congruency theory）相似的自我一致性理论（self – consistency theory）（Korman，1970；Bowling 等，2010）。根据这一理论，当员工感觉到自己的形象比较正面时，他们往往努力地保持这种正面的形象，表现出积极的态度和行为，相反，如果他们感觉自己的形象比较负面时，也会表现出消极的态度和行为（Pierce 等，2004）。因此，在工作场所中组织自尊较高的员工会发展积极的工作态度和行为来维持与组织自尊感知的一致性，而组织自尊较低的员工则会通过消极的工作态度和行为保持与其感知相一致的态度（包玲玲等，2011）。因此，越来越多的学者认为组织自尊与组织认同一样，也是引发员工行为和态度的原动力，对员工的态度和行为的有效性有着重要的影响（Pierce 等，2004）。

① 组织自尊对员工行为有效性的影响

组织自尊对员工的助人行为、建言行为等角色外行为的有效性，以及包含工作绩效、创新绩效在内的角色内行为的有效性都有着积极的影响。潘孝富等通过对来自湖南、广东、浙江、河北、重庆等省市的 13 个城市的 2556 名员工的调研分析证实了这一观点，发现组织自尊解释了员工角色行为有效性变异的大部分方差，对其有着积极的影响（潘孝富等，2012）。包玲玲等对 20 家企业的 195 名主管及 264 名员工的配对调研中也发现，较高的组织自尊会激发员工助人行为的主动性（包玲玲等，2011）。李燕萍等根据 12 家企业的 37 名主管及 145 名员工的配对样本发现，组织自尊对员工的建言行为有着积极的预测作用，组织自尊较高的员工更有可能会为了组织的健康发展而建言献策（李燕萍等，2016）。组织自尊除了有利于员工的角色外行为的有效性，对其角色内行为的有效性同样有着重要的影响。李元勋等通过问卷调研分析发现，组织自尊对员工的角色内行为的工作绩效有着积极的影响（李元勋等，2012）。黄亮等（2015）通过对 73 名主管及 255 名员工的配对调研分析，发现组织自尊还有利于员工角色内创新绩效的产生。

② 组织自尊对员工态度的影响

在组织自尊的前因变量分析中，员工的工作态度会影响员工的组织自尊，反过来员工的组织自尊同样会对员工的工作态度产生影响。

舒睿等通过对主管与员工配对样本的两阶段调研分析发现，组织自尊与员工的工作满意度之间存在正向的相关关系（舒睿等，2015）。Ghosh 等通过对来自美国企业的 82 名师傅和 160 名徒弟的配对样本调研分析发现，组织自尊有利于员工组织承诺的提高（Ghosh 等，2012）。Bowling 等通过对 101 篇组织自尊相关文献的分析发现，组织自尊除了与员工的角色行为正相关以外，还与其工作满意度、组织承诺和组织认同正相关。此外还发现，较高的组织自尊有利于员工减轻对工作压力、情绪耗竭的感知（Bowling 等，2010）。

（3）组织自尊的中介作用

在最近的研究中，组织自尊经常作为联系组织因素与员工行为和态度的中介变量，用来说明组织因素对员工态度与行为影响的机制。在组织制度方面，李燕萍等通过对 38 家企业 271 名员工的调研发现，组织自尊能够显著地解释高承诺的人力资源管理实践对组织绩效的正向影响（李燕萍等，2015）。王三银等通过对来自 10 家企业的 314 名员工的调研分析发现，组织自尊在工作边界策略与员工的组织认同之间的"U"形关系中起着中介作用（王三银等，2016）。而在李燕萍等和王三银等的研究中（李燕萍等，2015；王三银等，2016），认为组织策略能否通过员工组织自尊对其结果变量产生影响的原因在于员工能否从组织策略中感受到支持感，也就是说组织支持感可能是导致员工组织自尊变化并进而对结果变量产生影响的本质原因。Lee 等基于社会交换理论证实了这一观点，并提出了情感需要视角下支持性资源与员工态度的关系框架（Lee 等，2007），组织情景因素能否促进员工对组织的积极态度取决于其组织自尊的需要是否得到满足,如果组织情境因素能够让员工感受到组织的支持,员工就会把这种感受视为组织对其价值的认可和对他们幸福的关怀,从而满足了其组织自尊的需要,然后就会回报给组织更为积极的态度和行为(王三银等,2016)。此外,张春虎等还发现组织自尊能够显著地解释公平感对员工知识分享行为的影响(张春虎等,2012)。在领导行为方面,张永军等通过对 408 名员工的调研分析发现,由于伦理型领导在工作中比较注重公平并强调授权和人际关怀,因此能够让员工感受到支持感并促进其组织自尊,进而能够减少他们的反生产行为(张永军等,2012)。舒睿等基于对206 名主管与员工的配对样本的两阶段分析证实,组织自尊确实在伦理型领导与员工的责任行为、任务绩效及工作满意度之间的关系中起着中介作用(舒睿等,2015)。严丹等通过对来自广东两家大型制造业的11 名主管和410 名下属的调研分析中发现,组织自尊能够解释辱虐型管理与建言行为之间的负向关系(严丹等,2012)。曲如杰等对68个团队的 206 名主管与下属的配对样本的分析发现,领导 - 成员交换关系对研发人员的创新行为的积极影响完全是通过组织自尊的中介作用实现的(曲如杰等,2013)。此外,黄亮等通过对73 名主管和 355 名下属的跨层分析发现,工作幸福感会通过员工的组织自尊对其创新绩效产生正向的影响(黄亮等,2015)。

3 理论模型与研究假设

本章在回顾国内外相关文献的基础上,基于工作－家庭边界、个体－环境匹配、社会交换和自我概念等理论,探讨了工作－家庭边界强度的组织供给与员工偏好的一致性对员工行为有效性的影响机制,并构建了本研究的理论框架,然后通过梳理各主要变量之间的关系,提出本研究的理论假设。

3.1 理论模型的提出

随着全球一体化的加快,以及2008年金融危机导致的全球经济的逐渐衰落,企业面临着越来越复杂的生存与发展环境,而保证在大浪淘沙中生存和发展下来的一个根本核心就是保持员工行为的有效性(李晋,2010)。为了保持员工行为的有效性,企业正采取各种各样的措施,其中工作－家庭边界策略是比较重要的一种策略(韦慧民等,2013),然而由于企业内部员工的差异性,不同的工作－家庭边界策略可能会带来不同的结果。

在上述有关工作－家庭边界与员工行为有效性关系的文献回顾中已经指出,现有关于这一关系的观点并不一致,而导致这一问题的原因可能就是以往研究忽略了个体对工作－边界强度偏好的差异性。因此,本书着重分析的是工作－家庭边界策略与员工行为有效性之间到底存在怎样的关系,这一关系的机制是什么。为了理清这一问题,我们从个体－环境匹配理论的角度试图分析二者之间具体的关系,并进而基于自我概念理论的"环境特征与个体因素的互动－自我概念－行为倾向"框架分析了这一关系的发生机制（Burns,1982），提出自我概念是环境与行为之间的连接机制，认为在个体与环境的互动中，如果能够形成积极的自我概念，即形成较为积极的自我定义维度的组织认同和自我评价维度的组织自尊，就能引发与自我概念保持一致的积极行为（黄亮等,2015）。Chen 等和刘小禹等证实了这一观点的正确性（Chen 等,2007；刘小禹等,2015），Chen 等通过对来自中国的 171 名主管与下属的配对样本的分析发现，自我概念解释了组织的文化特征对员工工作产出的影响机制，刘小禹等（2015）通过对 403 名主管与下属的 3 次追踪调查分析也表明，自我概念是职场排斥与员工主动性行为之间的连接机制。在本书中，认为作为环境与个体的互动，边界强度一致性也是通过对自我概念的作用而影响员工行为的有效性。具体而言，本书认为工作－家庭边界强度的组织供给与员工偏好的一致性会增加员工的组织认同和组织自尊，进而促进其角色行为的有效性。

此外，本书基于 Clark 的"边界跨越者"观点认为，虽然工作－家庭边界强度的组织供给与员工偏好的一致性会促进员工积极的自我概念和行为有效性，然而这仅仅是停留在感知的心理表层，匹配的工作－家庭边界策略被有效执行的力度取决于员工执行这一策略能力的大小，因此我们将边界跨越能力视为边界强度一致性影响效应的边界条件。

根据以上的推导，本书的理论模型如图 3-1 所示。

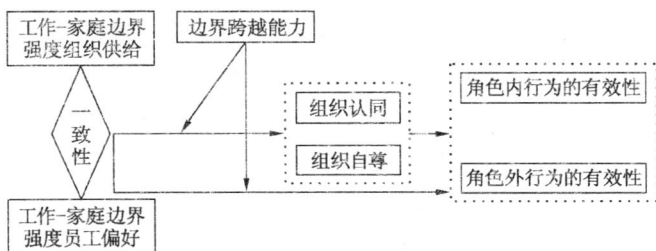

图 3-1 理论模型

3.2　边界强度的一致性对员工行为有效性的影响

　　工作－家庭边界是区分员工工作与非工作领域在空间、时间、心理等方面上的界限（林彦梅等,2015）。其中,工作和家庭两个领域是彼此相对独立的,并且因为个体时间、精力等资源的有限性（Clark等,2000）,这两个独立的领域之间是一种竞争性的关系（刘永强等,2006;刘洪等,2013）,即个体投入一个领域的资源是以损失投入到另外一个领域的等量资源为代价,例如个体一天所拥有的时间只有24小时,如果增加工作时间,则必然会导致其投入私人生活的时间减少。因此,不同的工作－家庭边界强度就意味着个体投入到两个领域的资源不同,如果工作－家庭边界强度较高,则意味着这一边界管理方式支持员工在非工作时间/工作时间花费较少的时间和精力从事工作/非工作相关的事物;反之,如果工作－家庭边界强度较低,则支持员工在工作/非工作的时间和场所花费较多的时间和精力从事非工作/工作相关的事务。

　　正因为工作与家庭两个领域之间的竞争关系,因此在两个领域投放资源的多少会对员工工作与家庭的平衡产生影响,投入资源满足一个领域的需求,就有可能因为资源的减少而无法满足另外一个领域的需求,这就会引起两个领域之间的冲突,进而对其在组织中行为的有效性产生负面的影响（马璐等,2015）,例如,降低工作绩效（Nohe等,2014a）和组织公民行为（张伶等,2011）,增加其离职意愿（Nohe等,2014b;陈忠卫等,2014）等。尤其是在幼儿看护、老人赡养等家庭需要不断增多的今天,工作与家庭领域已经不可能完全分割,二者的逐渐融合已经成为当前背景下的一种普遍现象（韦慧民等,2013;马璐等,2015）,这就使得员工工作与家庭之间的冲突变得更加严峻,其行为有效性也就受到更大的挑战。因此,为了缓解由于工作与家庭需要增多而导致的工作－家庭的冲突,进而达到降低员工的负面行为的目的,学者和管理实践者们提出,应该对工作－家庭边界进行合理的管理以实现工作与家庭的平衡,进而激励员工产生有效的行为。

然而从第2章的文献回顾来看,以往研究大多聚焦于具体强度的工作边界策略,例如弹性工作制、远程工作等对员工情绪耗竭的影响,缺乏从边界强度的整体考察不同边界强度工作－家庭边界策略的差异性影响效应,而且也忽略了员工偏好的作用。事实上,具体工作－家庭边界策略的边界强度相对比较固定,且不同强度的工作－家庭边界策略也只是反映组织对待工作边界强度的态度。因此仅从组织本身的角度来考虑具体强度的工作－家庭边界策略的影响效应是不严谨的,其结论也可能因为员工对工作－边界强度实际偏好的差异性而有所不同。

根据Clark在其工作－家庭边界理论中提出的"边界维持者"观点(Clark等,2000),工作－家庭边界是由员工和组织双方共同维持的。组织根据自身的文化、资源等条件来制订的工作－家庭边界策略仅代表边界维持者双方中组织对于工作－家庭边界强度的态度,本书称之为组织供给;作为边界维持者的另一方,员工对于工作－非工作边界强度的态度即边界偏好,也会对工作－非工作边界产生影响。因此,既然工作－家庭边界的维持是员工与组织双方共同努力的结果,那么在研究工作－家庭边界的影响效应时,需要同时考虑双方对待工作－家庭边界强度的态度。个体－环境匹配理论为此提供了较好的理论解释,认为情境因素能直接对个体的心理态度产生影响,但到底产生怎样的影响取决于这一因素能否满足个体需求的资源和条件。当个体的需要得以满足时往往会对环境产生积极的认知评价,进而产生积极的行为,否则会产生负面的认知评价并导致负面的行为(Edwards等,2000)。Kristof等(2005)基于这一理论的需求－供给(demands－supplies)视角,认为组织所提供的资源除了能直接地影响员工的态度和行为以外,还与员工对这种供给的需求程度有关。如果环境的供给小于个体的需求时，就会出现"环境赤字"；如果供给大于个体的需求，则会出现"环境盈余"。个体在"环境赤字"和"环境盈余"时对环境的评价都比在环境供给与个体需要匹配时低。因此，如果把工作－家庭边界策略视为组织提供给员工的环境供给，员工对工作－家庭边界强度的偏好则代表着对这种环境供给的需求（马丽等，2011），那么，当组织提供的工作－家庭边界强度大于员工对其的偏好时，因为不能满足员工对较弱工作－家庭边界的需求就出现了"环境赤字"；如果组织提供的工作－家庭边界强度小于员工的偏好时，较弱的工作－家庭边界超过了员工对弱工作－家庭边界的需求就出现了"环境盈余"。只有当工作－家庭边界强度与员工偏好一致时，才会出现"供需平衡"。根据这一理论可以推论，工作－家庭边界强度的组织供给与员工偏好的匹配与否会对员工行为的有效性产生影响，即有如下假设：

假设1a：在工作－家庭边界强度的组织供给由小到大逐渐接近员工偏好的过程中，员工的角色内行为有效性逐渐增加，当组织供给超越了员工的偏好并逐渐增加时，员工角色内行为有效性又开始降低。

假设1b：在工作－家庭边界强度的组织供给由小到大逐渐接近员工偏好的过程中，员工的角色外行为有效性逐渐增加，当组织供给超越了员工的偏好并逐渐增加时，员工的角色外行为有效性又开始降低。

在工作－家庭边界强度的组织供给与员工偏好完全匹配的情况下，还存在较高水平（工作－家庭边界强度较高的组织供给与员工偏好）的匹配和较低水平之分。根据 Zhang 等的观点（Zhang 等，2012），由于较弱的工作－家庭边界允许员工能够自由地在工作与家庭领域中进行角色转换以满足二者的需要，因此当组织采取这样的工作－家庭边界并且员工也喜欢这一边界时，他们共同的目标（改善工作－家庭冲突）会鼓励他们竭尽全力地达成这一目标，进而对其工作与家庭都产生更为积极的影响，而当组织供给与员工偏好的都是较强的工作－家庭边界时,则不利于其工作－家庭关系的改善,因此也就不会获得因为工作－家庭冲突的改善而对工作领域的积极溢出。因此,本书有以下假设:

假设 2a:在完全匹配的情况下,相较于工作－家庭边界强度较高的组织供给与员工偏好的匹配,工作－家庭边界强度较弱的组织供给与员工偏好的匹配更能促进员工的角色内行为有效性。

假设 2b:在完全匹配的情况下,相较于工作－家庭边界强度较高的组织供给与员工偏好的匹配,工作－家庭边界强度较弱的组织供给与员工偏好的匹配更能促进员工的角色外行为有效性。

3.3　基于组织自我概念视角下的中介机制

美国心理学家 James 在其经典著作《心理学原理》中首次提到"自我概念(self concept)"一词,并将其定义为个体对客体自我的想法与知觉,包含自我定义和自我评价两个维度(James,1890;Gecas,1982)。Chen 等认为个体在不同的情境中会表现出不同的自我概念(Chen 等,2007),其中基于组织情景的自我概念是所有自我概念类型中比较重要的一种形式,包含自我定义维度的组织认同和自我评价维度的组织自尊。组织认同描述的是个体对于其组织身份的认知程度,组织认同越高,个体对于属于这一组织身份的感知越深,具体表现为个体对组织的归属感、自豪感和忠诚度等方面流露出的情感归依(Ashforth 等,1989;王三银等,2015a)。组织自尊则指的是个体对自己在组织中价值、被信任程度、影响力等的总体评价,组织自尊越高的个体认为自己在组织中越重要,能力越强(Lee 等,2007)。Burns 对 James 等的经典自我概念理论进行了整合(James,1890;Burns,1982),提出了自我概念形成与影响的"环境特征与个体因素的互动－自我概念－行为倾向"框架,认为个体的自我概念形成于个体与环境的互动中,并且为了保持与加强所形成的自我概念,个体往往产生与自我概念相一致的行为。根据这一框架,本书认为员工的自我概念在边界强度的一致性与其角色行为有效性的关系中起着一定的中介作用。

3.3.1　组织认同的中介作用

根据边界强度的一致性内涵,在组织提供的边界供给逐渐靠近员工偏好的过程中,供需得以平衡,因此员工实现工作－家庭冲突降低的可能性增大,由此在价值观念上的匹配,以及因为工作－家庭冲突得到缓解而感受到的组织支持感会对员工的组织认同产生积极的影响(沈伊默等,2009;王三银等,2016)。首先,组织提供的工作－家庭边界管理策略和员工的个性化偏好分别代表了组织和个人的价值观念,根据王成城等的结论(王成城等,2010),组织身份起源于组织价值观念和员工价值观念的一致性,也就意味着组织的价值观念越接近于员工的价值观念时,员工越容易接纳自己的组织成员身份,也就会产生更高的组织认同。其次,由于员工的偏好是工作需求、家庭需求和个性特征的综合体现,因此,在组织供给接近于员工偏好的过程中,因为工作与家庭需求得不到满足的冲突就会得到减少,员工因此而感受到的组织支持也就随之增加(Kossek 等,2011;马丽等,2011),这至少会从两个方面促进员工组织认同的增加。一方面,王三银等认为(王三银等,2016),如果组织情境因素能够让员工感受到组织的支持,员工就会把这种感受视为组织对其的表扬和关怀,从而满足了其社会情感的需要,作为回报,员工就会更倾向于将组织融入他们的生活,并将组织的目标和价值体系内化为他们自己的一部分,如此一来也就自然而然地提升了其组织认同。例如,Sluss 等以总部在美国的一个跨国公司的 324 名主管和 863 名下属的配对研究中(Sluss 等,2008),发现员工所感受到的组织支持对其组织认同有着重要的影响,而这一影响机制在于员工将组织支持视为组织对其存在价值的认可,这会增强他们对于其组织身份的感知。另一方面,在集体主义文化传统的影响下,中国人强调"众人拾柴火焰高",认为个体应该服从于集体,强调个体对其所在群体的依赖和归属。因此,当工作－家庭边界强度的组织供给接近于员工偏好时,员工会将从中感受到的支持感归因于其所在群体为其提供的发展空间和成长支持,这将促使他们形成属于所在群体的强烈感知。

此外,员工的组织认同也会对其行为的有效性产生重要影响。正如栾琨等所指出的(栾琨等,2014),认同感会使员工在情感方面紧紧依附于所认同的组织身份,而感知到的同一性则会使该组织身份所包含的目标规范和价值观等对个体的心理和行为产生指导性影响,因此,组织认同较高的员工更加容易从组织发展的角度来考虑问题,做出有利于组织的行为(王三银等,2015b)。来自中国的本土研究也证实(李锐等,2010;唐春勇等,2010;袁庆宏等,2014),组织认同较高的员工拥有较高的归属感,倾向于将组织的利益置于个人利益之上,会将组织相关的事务视为"分内事",容易产生较高的角色内绩效和角色外公民行为。因此,员工的组织认同与其行为有效性之间存在正相关关系。

综上所述,边界强度的一致性会通过增加员工的组织认同而促进员工行为的有效性。据此,本书提出以下假设:

假设3a:组织认同在边界强度的一致性与员工角色内行为有效性之间的关系中起着中介作用。

假设3b:组织认同在边界强度的一致性与员工的角色外行为有效性之间的关系中起着中介作用。

3.3.2　组织自尊的中介作用

组织自尊是个体基于自我观念对来自组织的信息的评价,组织自尊越高的员工认为自己的价值、能力等越大(尹俊等,2012)。组织自尊来源于员工与组织的互动,并倾向于产生与感知到的组织自尊相一致的行为（Chen 等，2007）。

首先，边界强度的一致性越高，员工会认为组织对其价值和能力的认可度越高。这主要是因为，第一，在组织供给接近于员工偏好的过程中，员工所体验到的积极情绪会随之增加（Moen 等，2008），这为员工评价其价值和能力提供了重要的信息（黄亮等，2015）。根据赵勇等的研究（赵勇等，2006），如果员工有较为积极的情绪，那么就会对自己有更为正面的评价。来自 Wegge 等的证据也显示，积极情绪与组织自尊之间存在正向的相关关系（Wegge 等，2014）。第二，接近于员工偏好的组织供给能够给予员工处理工作需要和家庭需要的资源，这会增强他们能够处理好工作与家庭需求的信念，这种信念一方面会促进他们对职业发展和工作前景充满信心，进而增加他们对自我价值得以实现的预期，员工对组织自尊的感知也会因此而得以增强（Tang 等，1994；黄亮等，2015）；另一方面，这种信念也会增加他们对自己能力的信心，促使他们相信自己能够做好工作相关的事务，而其工作结果又与组织的发展息息相关，因此在这种情况下，较高的能力感知有利于其形成较高的组织自尊（Gardner 等，2004）。

其次，员工对自己在组织中价值和能力的积极评价，有利于产生有效的行为。Swann 等认为个体为了减少外界的不确定性感知，增加自己对外界的控制感，倾向于寻求与其自我概念保持一致的行动，并且会通过一些行为来增强自己的这种感知（Swann 等，1997）。具体而言，由于组织自尊除了受到自我特征的影响以外，还会受到组织环境的影响（曲如杰等，2015），员工会依据组织中重要的他人所发出的信息，基于自我的知识而做出自我评价（尹俊等，2012），因此在组织自尊较高的情况下，员工会通过更加有效的行为（比如高绩效、高组织公民行为、较低的离职意愿等），向重要的主管、同事及自己，证明自己确实有着重要的价值和能力，以此来达到保持和增强先前的高组织自尊感知的目的。例如，刘小禹等通过对 403 名员工的三次追踪调研发现,组织自尊在促进员工产生行为有效性的主动性方面有着重要的影响(刘小禹等,2015)。

基于以上推理,边界强度的一致性会通过增加员工的组织自尊而促进员工行为的有效性。据此,本书提出以下假设:

假设 4a:组织自尊在边界强度的一致性与员工角色内行为有效性之间的关系中起着中介作用。

假设 4b:组织自尊在边界强度的一致性与员工角色外行为有效性之间的关系中起着中介作用。

3.4 边界跨越能力的调节作用

如前文所述,根据工作－家庭边界理论的"边界跨越"观点(Clark,2000),员工每天都在工作与家庭两个领域之间进行角色跨越的活动,传统的跨越活动往往是随着员工的上班和下班来实现员工工作角色和家庭角色的跨越,但随着信息技术的快速发展和员工不同领域需求的变化,其跨越活动受到时间和地点的限制开始变弱,员工可以在工作场所或不同时间从事家庭事务,例如,在上班时间跟家人通电话,也可以在家庭场所或不同时间从事工作相关的事物。因此,根据这一观点,工作－家庭边界的强度也可以被定义为工作－家庭领域不允许员工的工作与家庭角色进行转换的灵活性和频率,对于这种灵活性和频率的偏好正是前文所提到的边界偏好,而能有效地达成这一跨越灵活性和频率的能力则称之为边界跨越能力。边界跨越能力高的员工能够抵消因为工作与家庭角色的转换而对其工作或家庭领域的行为有效性造成的干扰(Matthews等,2014),实现两个角色之间的有效转换。反之,边界跨越能力低的员工则很容易在转换的过程中受到转换之前角色对当前角色的影响,不能快速地在心理上从之前的角色转换到当前角色中,进而使得当前角色行为的有效性受到之前角色的干扰(Fritz 等,2010;马红宇等,2014;李爱梅等,2015)。

边界偏好是个体对于其在两个领域之间跨越的理想预期,而这种预期能否实现则取决于员工能力的大小,否则,如果仅仅考虑偏好,就往往会出现"理想很丰满、现实很骨感"的无奈。由于工作 - 家庭边界强度的组织供给与员工偏好一致性指的是组织供给满足这一偏好的程度,这种满足仅仅是基于员工偏好而不是能力的满足,因此我们选择边界跨越能力作为调节变量,认为它会调节工作 - 家庭边界供给与偏好一致性的影响效应。

3.4.1 边界跨越能力对边界强度一致性与员工行为有效性的调节

在工作 - 家庭边界的供给与偏好既定的情况下,二者的匹配所能激发的行为有效性主要是因为组织供给对员工偏好的满足,但这种满足能否有效地实现则取决于员工的边界跨越能力。据此,可以将工作 - 家庭边界的供给与偏好的匹配对员工行为有效性的影响效果分成两个层面:一是基于想象而没有实现的心理表层,假定此时影响效应为 A;二是更进一步基于实践层面的更深层次的影响,可以假定其影响效应为 B。由此可得,在边界跨越能力较高的情况下,如果员工有能力执行基于与员工偏好匹配下的组织工作 - 家庭边界政策,那么这一政策对员工行为有效性的影响就变成了 A + B,而在边界跨越能力较低的情况下,员工几乎缺乏实现这一政策的能力,导致这一政策仅仅停留在想象的心理表层,此时该政策的影响效应为 A。综上可得,在员工的边界跨越能力较强时,边界强度一致性对员工行为有效性的影响更加显著。由此,本研究提出以下假设:

假设 5a:边界跨越能力在边界强度的一致性与员工角色内行为有效性关系中起到调节作用,也就是说,员工边界跨越能力越大,边界强度的一致性对员工角色内行为有效性的影响越强;员工边界跨越能力越小,边界强度的一致性对员工角色内行为有效性的影响越弱。

假设 5b:边界跨越能力在边界强度的一致性与员工角色外行为有效性关系中起到调节作用,也就是说,员工边界跨越能力越大,边界强度的一致性对员工角色外行为有效性的影响越强;员工边界跨越能力越小,边界强度的一致性对员工角色外行为有效性的影响越弱。

3.4.2 边界跨越能力对边界强度一致性与员工自我概念的调节

基于组织的自我概念体现的是员工对自己的认知与评价,包括组织认同和组织自尊,这种认知与评价不仅受到期望的影响,还会受到这一期望能否实现的影响(马红宇等,2014)。工作－家庭边界强度供给与偏好体现的是组织与员工的心理预期,而边界跨越能力则决定了这一预期是仅仅停留在表层的心理感知,还是进一步的体现在实践上的"知行合一"。具体而言,在边界强度一致性既定的情况下,边界跨越能力较高的员工因为更容易实现组织与员工在对待工作－家庭边界态度上一致性想法(匹配的组织供给与员工偏好),因此不仅更容易深刻地体会到组织与自我的一致性,进而促进其对组织成员身份的认知,而且也会因为更进一步地在实践中感受到既定工作－家庭边界策略的支持性而加深对组织身份的认可,并且这种支持性体验的增加还会促使员工将其视为对自我价值能力认可的增加,从而感受到较高的组织自尊;反之,当边界跨越能力较低时,员工因为实现组织与员工在对待工作－家庭边界态度上一致性的想法(匹配的组织供给与员工偏好)的能力较弱,而在更深层次实践上的体验就会变小。与上述同理,员工的组织自尊和组织认同感知也会因此而不能得以增加。

综上所述,相比之下,边界跨越能力较高的员工因为能够更进一步地体验到边界强度一致性的支持感而产生较高的组织自尊和

组织认同,即有如下假设:

假设 6a:边界跨越能力在边界强度一致性与员工的组织认同关系中起着调节作用。即边界跨越能力越高,边界强度一致性与员工的组织认同关系越强,员工边界跨越能力越低,边界强度的一致性对员工组织认同的影响较弱。

假设 6b:边界跨越能力在边界强度一致性与员工的组织自尊关系中起着调节作用。即边界跨越能力越高,边界强度一致性与员工的组织自尊关系越强,员工边界跨越能力越小,边界强度的一致性对员工组织自尊的影响较弱。

3.5 研究假设汇总和实证模型

本书提出的基本假设的具体内容见表 3-1。

表 3-1 本书假设汇总表

类型	序号	假设内容
主效应	假设 1a	在工作－家庭边界强度的组织供给由小到大逐渐接近员工偏好的过程中,员工的角色内行为有效性逐渐增加,当组织供给超越了员工的偏好并逐渐增加时,员工角色内行为的有效性又开始降低
	假设 1b	在工作－家庭边界强度的组织供给由小到大逐渐接近员工偏好的过程中,员工的角色外行为有效性逐渐增加,当组织供给超越了员工的偏好并逐渐增加时,员工的角色外行为的有效性又开始降低
	假设 2a	在完全匹配的情况下,相较于工作－家庭边界强度较高的组织供给与员工偏好的匹配,工作－家庭边界强度较弱的组织供给与员工偏好的匹配更能促进角色内行为的有效性
	假设 2b	在完全匹配的情况下,相较于工作－家庭边界强度较高的组织供给与员工偏好的匹配,工作－家庭边界强度较弱的组织供给与员工偏好的匹配更能促进角色外行为的有效性

类型	序号	假设内容
中介效应	假设 3a	组织认同在边界强度的一致性与员工角色内行为有效性之间的关系中起着中介作用
	假设 3b	组织认同在边界强度的一致性与员工角色外行为有效性之间的关系中起着中介作用
	假设 4a	组织自尊在边界强度的一致性与员工角色内行为有效性之间的关系中起着中介作用
	假设 4b	组织自尊在边界强度的一致性与员工角色外行为有效性之间的关系中起着中介作用
调节效应	假设 5a	边界跨越能力在边界强度的一致性与员工角色内行为有效性关系中起到调节作用,也就是说,员工边界跨越能力越大,边界强度的一致性对员工角色内行为有效性的影响较强;员工边界跨越能力越小,边界强度的一致性对员工角色内行为有效性的影响越弱
	假设 5b	边界跨越能力在边界强度的一致性与员工角色外行为有效性关系中起到调节作用,也就是说,员工边界跨越能力越大,边界强度的一致性对员工角色外行为有效性的影响较强;员工边界跨域能力越小,边界强度的一致性对员工角色外行为有效性的影响越弱
	假设 6a	边界跨越能力在边界强度一致性与员工的组织认同关系中起着调节作用。即边界跨越能力越高,边界强度一致性与员工的组织认同关系越强,员工边界跨越能力越低,边界强度的一致性对员工组织身份的影响较弱
	假设 6b	边界跨越能力在边界强度一致性与员工的组织自尊关系中起着调节作用。即边界跨越能力越高,边界强度一致性与员工的组织自尊关系越强,员工边界跨越能力越小,边界强度的一致性对员工组织自尊的影响较弱

4 变量测量与问卷设计

本章通过总结国内外相关构念的测量工具，提出本书采用的测量方式，并通过小样本的预调研，对这些测量工具的有效性进行了检验，为正式调研做好准备。

4.1 变量测量

本书所使用的测量工具均来自于国外成熟量表，并且所有量表均被证实适合于中国的情景。

4.1.1 边界强度一致性的测量

边界强度一致性在本书中主要指的是支持工作与家庭两个领域之间边界强度的组织供给与员工偏好之间的匹配程度，而在匹配的研究中，用来匹配的两个变量必须符合匹配原则。根据 Kristof 关于匹配性变量的测量原则，两个变量的量表只有在结构和性质相似时才可以用来匹配（Kristof，1996）。所谓的结构相似主要指的是两个量表是否具有相似的因素结构（比如是否都是一阶因子或二阶因子）、量表题项数目是否一致、测量量尺是否一致等（Cheung，2009）；性质相似则主要指的是测量两个匹配构念的量表具体内容是否相似。因此，尽管用来测量工作－家庭边界强度的测量工具有很多（Kreiner，2006；Hecht 等，2009；Matthews 等，2010），但考虑到两个变量的匹配性，本书选用来自 Kreiner 基于匹配原则的基础上开发的测量工具，然后根据 Hecht 开发的工作－家庭边界强度量表对 Kreiner

量表内容表述进行了修正（Kreiner，2006；Hecht 等，2009）。该测量工具包含测量工作－家庭边界强度组织供给的单维度4条目量表及工作－家庭边界强度员工偏好的4条目量表，采用 Likert 5 点式，要求被试者从1（非常不同意）到5（非常同意）对测量题项做出主观评价，分值越高代表组织供给与员工偏好越强的工作－家庭边界。两个量表在 Kreiner 的研究中的信度分别为 0.91 和 0.94，经马丽等（信度分别为 0.85 和 0.84）、马宏宇等（工作－家庭边界强度组织供给的信度为 0.89）和林彦梅等（工作－家庭边界强度员工偏好的信度为 0.84）证实适合用于中国情境下的研究（马丽等，2011；马宏宇等，2014a；林彦梅等，2015）。

在本书中，二者的测量均来自于同一被试（指心理学测验中接受实验或测验的对象），原因是对于工作－家庭边界强度组织供给的测量，从理论上讲是采用企业层面的数据更好，但是，由于该概念是一个相对较新的概念，所以在企业层面的量表至今尚未开发出来。同时，即使未来从企业政策面出发开发量表，用企业所提供的相关政策去衡量，这种衡量方式也很难真实反映出员工的感知状况，所以其测量是否可靠仍然是值得商榷的。量表的具体内容，见表4-1。

表4-1　工作－家庭边界强度的组织供给与员工偏好量表

量表名称	编码	测量条目
组织供给（WHSS）	WBS1	我们单位的氛围希望员工上班后不理会任何与工作无关的事情
	WBS2	我们单位的氛围希望员工在工作时完全投入到工作中
	WBS3	我们单位的氛围希望员工阻止任何与私人生活相关的事情出现在工作中
	WBS4	我们单位的氛围希望员工下班后将工作抛掷脑后
员工偏好（WHSP）	WBP1	我喜欢在上班时间和场所仅处理与工作有关的事情
	WBP2	我喜欢在工作的时候，不会受到工作之外事情的干扰
	WBP3	我不喜欢家庭相关的事情出现在我的工作中
	WBP4	我喜欢回家以后完全忘掉与工作有关的事情

4.1.2 边界跨越能力的测量

目前关于边界跨越能力的测量工具相对较少，并且大多是基于工作与家庭情景许可下的工作与家庭领域之间的跨越，缺乏从个体的角度来测量这一跨越能力（Matthews 等，2010），因此，Matthews 等在 Clark 的相关测量工具基础上开发了测量员工工作－家庭领域跨越能力的两维度量表，其中工作领域跨越能力维度采用 4 个条目进行测量，去除内容相同意义相反的一个题项后，家庭领域跨越能力维度包含 5 个题项（Matthews 等，2010）。由于本书所涉及的跨越能力没有刻意区分员工是身在工作领域对家庭角色的跨越，还是身在家庭领域对工作领域的跨越，因此将包含两个维度的 9 题项量表视为一个维度（见表 4-2）。该量表采用 Likert 5 点式，要求被试者从 1（非常不同意）到 5（非常同意）对测量题项做出主观评价，分值越高代表员工的边界跨越能力越高。

表 4-2　边界跨越能力量表

量表名称	编码	测量条目
边界跨越能力（BSA）	BSA1	基于家庭或者个人生活中必须承担的责任，我能够改变原来的计划去做与工作相关的事情
	BSA2	如果需要，我可以在不影响承担家庭责任的前提下晚点下班
	BSA3	我的家庭和个人生活中的需要不会阻止我为了工作而早点上班
	BSA4	我的家庭和个人生活中的需要不会阻止我为了工作而额外地抽出一天时间来加班
	BSA5	站在家庭的立场，如果没有理由我不能为了工作而随意调整我原有的家庭计划
	BSA6	为了处理家庭相关的事情，我可以决定什么时候去工作或者不工作
	BSA7	如果需要，我可以早点下班去处理家庭相关的问题
	BSA8	如果生活中出现一些紧急情况，我可以晚点到单位
	BSA9	我可以随时停下手头的工作去处理家庭或私人生活中的事情

4.1.3 组织自尊的测量

组织自尊的测量采用 Pierce 等开发的单维度量表,该量表包含 10 个条目(Pierce 等,1989)。从现有的相关文献来看,这一量表不管是在国外文献还是在国内文献中都表现出了较好的信度与效度水平,并且因为测量的是员工对于组织自尊的自我认知,因此大部分文献都采取的是自我评价的方式来获取数据(Chan 等,2013;Gardner 等,2015;刘小禹等,2015;曲如杰等,2015)。本书也选用这一量表,根据员工的自我评价来测量员工的组织自尊,见表 4-3。采用 Likert 7 点式记分,从 1(非常不认同)到 7(非常认同),测量分值越高代表组织自尊越高。

表 4-3　组织自尊量表

量表名称	编码	测量条目
组织自尊 (OBSE)	OBSE1	单位对我非常重视
	OBSE2	单位对我非常信赖
	OBSE3	单位对我很信任
	OBSE4	在单位里,我很有分量
	OBSE5	在单位里,我是有用的人
	OBSE6	在单位里,我是有价值的人
	OBSE7	在单位里,我是有效率的人
	OBSE8	在单位里,我是受重视的人
	OBSE9	我对单位的发展有影响
	OBSE10	我的同事很愿意和我合作

4.1.4 组织认同的测量

在组织认同的测量上,学者们开发了很多不同的测量工具,根据 Riketta 的元分析结果(Riketta,2005),其中 Male 和 Ashforth 在 1992 年开发的组织认同量表是目前使用最广泛的组织认同测量工具（Male 等，1992），因此，本书也采用这一量表（见表 4-4），该量表主要包含 6 个题项，并且一般采用员工自评的方式获取数据。本书采用 Likert 7 点式记分，从 1（非常不认同）到 7（非常认同），测量分值越高代表员工对组织越认同。

表 4-4　组织认同量表

量表名称	编码	测量条目
组织认同（OI）	OI1	当有人指责我所在单位时，我会觉得就像在指责我一样
	OI2	我非常在意别人对我所在单位的评价
	OI3	我经常用"我们"来描述我所在单位而不是"他们"
	OI4	我认为，我所在单位的成功也是我的成功
	OI5	当别人赞美我所在单位时，我感觉就像是在称赞我一样
	OI6	如果有媒体批评我所在单位，我会觉得有些尴尬

4.1.5　员工行为有效性的测量

员工的行为有效性一直是人力资源管理中的重要研究对象（王成城等，2010），一般可以分为角色内行为的有效性和角色外行为的有效性，所谓的角色内行为有效性指的是在岗位职责范围内的具体表现，根据 Tsui 等的研究，角色内行为的有效性主要衡量的是员工在数量、质量、效率、知识上达到工作要求标准的程度，因此，一般可以用基本绩效来进行考察（Tsui 等，1997）。本书选用的是来自 Tsui 等基于中国情景开发的包含 11 个题项的量表（Tsui 等，1997）。角色外行为的有效性一般指的是员工在工作要求或者岗位要求之外的有利于组织的行为表现，根据 Williams 等的观点（Williams 等，1991），可以采用组织公民行为来进行衡量员工角色外行为的有效性，因此采用 Aryee 等开发的包含针对个体的公民行为和针对组织的公民行为两个维度分别有 4 个条目和 6 个条目的组织公民行为量表

（Aryee 等,2002）。该量表(见表 4-5)采用 Likert 7 点式记分,从 1(非常不认同)到 7(非常认同),分值越高代表员工角色行为有效性越高。

表 4-5　员工行为有效性量表

量表名称	编码	测量条目
针对个体的角色外行为有效性(REBI)	REBI1	我愿意帮助新来的同事适应工作环境
	REBI2	我愿意帮助同事解决与工作相关的问题
	REBI3	当有需要时,我愿意帮助同事做额外的工作
	REBI4	我愿意配合同事并与之交流沟通
针对组织的角色外行为有效性(REBO)	REBO1	我会遵守单位规章和程序,即使没人看见且没有证据留下
	REBO2	我对待工作认真并且很少犯错误
	REBO3	我并不介意新的工作或挑战
	REBO4	我会努力进行自我学习以提高工作成效
	REBO5	我经常很早到达单位并马上开始工作
	REBO6	我会向单位提出建议以改善单位绩效
角色内行为有效性(RIB)	RIB1	我的工作数量高于平均水平
	RIB2	我的工作质量远高于平均水平
	RIB3	我的工作效率远高于平均水平
	RIB4	我采用的工作质量标准高于单位规定的工作质量标准
	RIB5	我一直努力地追求把工作做得更好
	RIB6	我秉持最高的职业规范
	RIB7	我具有完成基本工作任务的能力
	RIB8	我在完成基本任务时表现出了应有的判断力
	RIB9	我能够精确地完成任务
	RIB10	我具备完成任务的专业知识
	RIB11	我在完成基本工作任务时表现出了一定的创造力

4.1.6 控制变量

因为有学者认为性别、年龄、工龄、职位、学历和收入等人口统计学变量会对组织认同、组织自尊，以及员工的行为有效性产生影响（Vinchur 等，1998；Riketta，2005；王成城等，2010），因此，为了排除这些变量的影响，本书将这些统计学变量作为控制变量，其中年龄、工龄、职位、学历和收入被视为连续变量，性别作为虚拟变量，男性赋值为 0，女性赋值为 1。

4.2 问卷设计

4.2.1 小样本测试对象

由于工作 – 家庭边界强度策略多适用于知识创造性而非劳动密集型的岗位（Albertsen 等，2010），因此本书主要选择的是从事 IT 行业的从业人员。根据取样的可获得性主要选择南京、苏州和上海等地的企业员工为主要调研对象。原因是：一方面，比较容易获取这些地区的数据；另一方面，这些地区属于经济比较发达的城市，人力资源市场竞争比较激烈，员工可能面临的晋升等问题更加严峻，并因此而导致的工作与家庭需求之间的矛盾也相对更加尖锐。

4.2.2 问卷的设计原则

由于所有数据均来自同一被试，因此需要考虑到避免同源方差问题，根据 Chang 等的观点（见图 4-1），研究变量出自相同量表特性（量表点数、量表衡量标准等）会产生共同方法偏差（Podsakoff 等，2012；Podsakoff 等，2003；Chang 等，2010）。因此，在问卷设计测量方式上，自变量工作 – 家庭边界强度的组织供给与员工偏好量表和调节变量边界跨越能力量表采取的是 Likert 5 点式测量方式，而在组织认同、组织自尊和角色行为上采用的 Likert 7 点式测量方式。其次,在衡量的标准上,自变量和调节变量的测量采用非常同意 – 非常不同意,其他变量的测量则采用非常认同 – 非常不认同。最后,在问卷的设计中采用逻辑互斥项来排除无效的问卷。

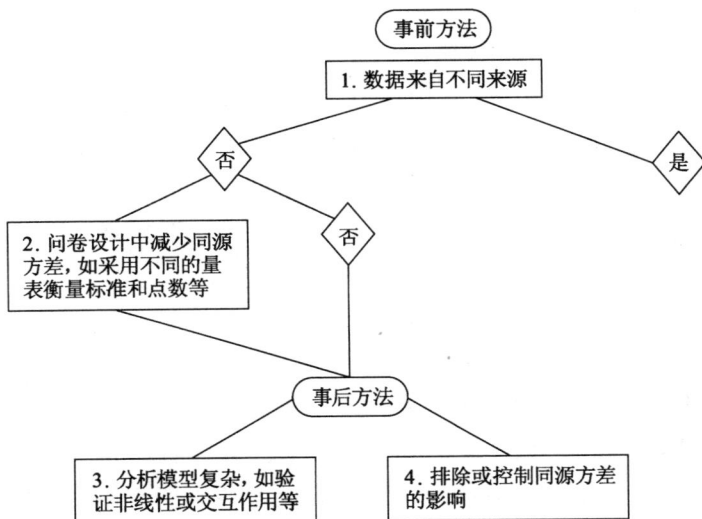

图 4-1 处理同源方差的方法

4.2.3 问卷结构

本书的正式问卷按照孙静娟等有关问卷的设计格式要求(孙静娟等,2010),分为前言、主题和结语,前言部分位于问卷的前面,用来说明调研目的、内容和要求,包括问候语、填写说明和问卷编号等。问卷主体部分主要分为三大项:工作 – 家庭边界强度的组织供给与员工偏好、组织认同与组织自尊,以及角色行为有效性,问卷的结语部分主要包括人口统计学特征的信息填写。

4.2.4　问卷设计过程

由于使用的情景发生变化,因此在问卷的设计过程中需要结合自身的研究目的来确定问卷的内容,本书遵循问卷设计的预设计、修正、预调研修正三个步骤来进行(孙静娟等,2010)。

首先,在问卷的初稿设计上,查阅了相关的文献,尽可能找出较多的测量相关构念的测量工具进行比较,选择与调研目的相适合的测量工具,然后结合研究内容对相关的测量条目进行修正,以获取较高信度的量表,最终形成了包含人口统计学特征、工作－家庭边界强度的组织供给、员工偏好、组织认同、组织自尊、角色内行为有效性和角色外行为有效性等在内的初始问卷。

其次,在初始问卷的基础上,邀请了一些人力资源管理相关专业的硕士和博士对该问卷在语言的表述、逻辑等方面提出意见,然后基于这些意见对问卷进行了再次的修订。

最后,在上一步的基础上,邀请部分企业的普通职员进行试填写,并根据他们自己的理解在问卷的表述和设计等方面给出修改意见,并根据这些意见确定问卷的初稿,然后选取 103 名员工进行正式的预调研,并结合分析的结果确定了用于正式调研的最终问卷。

4.3　小样本预测

由于本书所用测量工具的具体使用情景发生改变,并且其中工作－家庭边界强度量表是在 Hecht 等相关量表的基础上(Hecht 等,2009),利用 Kreiner 的工作－家庭边界强度量表结合具体情景修正得来(Kreiner,2006),因此需要预调研对问卷进行修正。预调研共发放了 150 份问卷,实际回收有效问卷 103 份,问卷有效率为68.67%。

4.3.1　小样本描述

问卷在性别、年龄、学历、职位等级、月收入和入职年限等人口统计学特征方面的分布,见表4-6。

性别方面:在103名员工中,男性有61人,占总人数的59.22%;女性相对较少,有42人,占总人数的40.78%。

年龄方面:一半以上员工的年龄集中在30～39岁,共有60人,占总人数的58.25%;20～29岁的员工共有37人,占总人数的35.92%;40～49岁的员工有5个人,占总人数的4.85%;20岁以下的员工1人,占总人数的0.79%。

学历方面:大部分的员工具有本科学历,共有77人,占总人数的74.76%;大专及以下的员工10人,硕士16人,分别占总人数的9.71%和15.53%。

职位等级方面:一般员工共有29人,占总人数的28.16%;基层管理者38人,占总人数的36.89%;中层管理者32人,占总人数的31.07%;高层管理者仅有4人,占总人数的3.88%。

月收入方面:有45名员工的收入处于5000～8000元的水平,占总人数的43.69%;23名员工处于3000～5000元的水平,占总人数的22.33%;23名员工处于8000～10000元的高收入水平,占总人数的22.33%;收入在3000元以下和10000元以上的员工有12人,占总人数的11.65%。

入职年限方面:有51名员工入职时间处于5～10年的等级,占总人数的49.51%;有31名员工入职时间处于3～5年的等级,占总人数的30.10%;有18名员工的入职时间处于1～3年的水平,占总人数的17.48%;入职时间不到1年和超过10年的员工共有3人,占总人数的2.91%。

表 4-6　小样本调研数据描述

人口特征变量	类别	样本数	比例/%
性别	男	61	59.22
	女	42	40.78
年龄	20 岁以下	1	0.97
	20～29 岁	37	35.92
	30～39 岁	60	58.25
	40～49 岁	5	4.85
	50 岁以上	0	0.00
学历	大专及以下	10	9.71
	本科	77	74.76
	硕士	16	15.53
	博士	0	0.00
职位等级	一般员工	29	28.16
	基层管理者	38	36.89
	中层管理者	32	31.07
	高层管理者	4	3.88
月收入	3000 元以下	0	0.00
	3000～5000 元	23	22.33
	5000～8000 元	45	43.69
	8000～10000 元	23	22.33
	10000 元以上	12	11.65
入职年限	1 年以下	0	0.00
	1～3 年	18	17.48
	3～5 年	31	30.10
	5～10 年	51	49.51
	10 年以上	3	2.91

4.3.2 小样本测试方法

小样本预测的一个重要目的就是删除无效的测量条目,增加测量工具的内部一致性,通常采取的方法就是总相关分析法(Corrected Item Total Correlation,简称 CITC)。Cronbach 认为当 CITC 值小于 0.300 时,可以删除该题项以增加测量工具的效度(卢仿纹,2002),直到其信度的 CITC 值在 0.700 以上,才能达到被接受的水平(Nunnally 等,1967)。

为了进一步验证 CITC 的净化条目结果,还可以进行探索性因子分析,探索性因子分析是量表开发中经常用到的一种方法,当研究者第一次使用相关测量指标时,由于无法确切地判断测量指标能否代表测量的构念,因此需要将所有指标放在一起进行因子分析,再根据所得到的因子负荷(一般要大于 0.400)的大小,来分析其构念的效度,当测量条目与所测的构念没有太大关系时,其因子载荷往往比较低,因此可以将其剔除(陈晓萍等,2012)。

4.3.3 小样本测试分析结果

(1) 工作 - 家庭边界一致性的 CITC、信度和因子分析结果

由表 4-7 可见,工作 - 家庭边界强度组织供给的 4 个条目的 CITC 值处在 0.700 ~ 0.800,远高于最低标准 0.300,并且该量表的整体 Cronbach'a 为 0.894,具有较好的信度水平,因此该量表所有题项均无须删除。

表 4-7　工作 - 家庭边界强度组织供给量表的 CITC、信度分析结果

测量题项	CITC	删除该题项后的 Cronbach'a	Cronbach'a
WBS1	0.794	0.852	
WBS2	0.767	0.862	0.894
WBS3	0.750	0.868	
WBS4	0.749	0.869	

　　由表 4-8 可知，工作－家庭边界强度员工偏好的 4 个条目的
CITC 值均大于 0.300，并且该量表的整体 Cronbach'a 为 0.736，具有
较好的信度水平，因此该量表所有题项均无须删除。

表 4-8　工作－家庭边界强度员工偏好量表的 CITC、信度分析结果

测量题项	CITC	删除该题项后的 Cronbach'a	Cronbach'a
WBP1	0.520	0.680	
WBP2	0.451	0.717	0.736
WBP3	0.584	0.643	
WBP4	0.558	0.658	

　　在以上 CITC 和信度分析的基础上，对工作－家庭边界强度的
组织供给与员工偏好进行了探索性因子分析，为了确认是否可以进
行因子分析，首先对其 KMO 值进行了检验，检验结果为 0.786，并且
Bartlett 的球形检验值为 326.686（$p < 0.001$），说明适合进行 EFA 分
析，具体分析结果见表 4-9。按照特征值大于 1 的原则析两个公共
因子，二者的累积方差为 66.07%，并且所有的因子载荷均大于
0.600。说明工作－家庭边界强度的组织供给量表和员工偏好量表
适合进行后续的实证研究。

表 4-9　工作－家庭边界强度的组织供给与员工偏好量表的 EFA 分析结果

测量题项	因子 1	因子 2
WBS1	0.885	
WBS2	0.874	
WBS3	0.864	
WBS4	0.855	
WSP1		0.742
WSP2		0.670
WSP3		0.786
WSP4		0.783
特征值	3.041	2.244
累积解释方差	66.070%	

（2）边界跨越能力的 CITC、信度和因子分析结果

在边界跨越能力量表的 9 个条目的 CITC 检验中（见表 4-10），BSA1 题项的 CITC 值仅为 0.228（小于 0.300），并且删除该题项后其信度能够提升 0.017（从 0.909 提升到 0.926），因此删除该题项。然后再次进行的 CITC 检验表明（见表 4-11），各个题项的值处于 0.700 ~ 0.800，最小值为 0.629，远高于最低标准 0.300，并且该量表的整体 Cronbach'a 为 0.926，具有较好的信度水平，因此采用删除 BSA1 题项以后的包含 8 个题项的量表。

表 4-10　边界跨越能力量表的 CITC、信度分析结果

测量题项	CITC	删除该题项后的 Cronbach'a	Cronbach'a
BSA1	0.228	0.926	
BSA2	0.716	0.896	
BSA3	0.758	0.893	
BSA4	0.768	0.892	
BSA5	0.781	0.892	0.909
BSA6	0.747	0.894	
BSA7	0.629	0.903	
BSA8	0.781	0.892	
BSA9	0.779	0.892	

表 4-11　删除 BSA1 后的边界跨越能力量表的 CITC、信度分析结果

测量题项	CITC	删除该题项后的 Cronbach'a	Cronbach'a
BSA2	0.730	0.917	
BSA3	0.769	0.914	
BSA4	0.784	0.913	
BSA5	0.789	0.913	0.926
BSA6	0.741	0.917	
BSA7	0.629	0.925	
BSA8	0.788	0.913	
BSA9	0.772	0.914	

在以上 CITC 和信度分析的基础上,为了确认是否可以对工作边界跨越能力量表进行因子分析,首先对其 KMO 值进行了检验,检验结果为 0.908,并且 Bartlett 的球形检验值为 567.719($p < 0.001$),说明适合进行 EFA 分析,具体分析结果见表 4-12。按照特征值大于 1 的原则析出一个公共因子,其累积方差为 66.362%,并且所有的因子载荷均大于 0.600,说明边界跨越能力量表适合进行后续的实证研究。

表 4-12　工作－家庭边界强度与员工偏好量表的 EFA 分析结果

条目	因子载荷
WSF2	0.801
WSF3	0.833
WSF4	0.840
WSF5	0.850
WSF6	0.802
WSF7	0.703
WSF8	0.842
WSF9	0.837
特征值	5.309
累积解释方差	66.362%

(3)组织认同的 CITC、信度和因子分析结果

由表 4-13 可知,组织认同的 8 个条目的 CITC 值处于 0.400 ~ 0.800,大于最低标准 0.300,并且该量表的整体 Cronbach'a 为 0.839,具有较好的信度水平,因此该量表所有题项均无须删除。

表 4-13　组织认同量表的 CITC、信度分析结果

测量题项	CITC	删除该题项后的 Cronbach's a	Cronbach's a
OI1	0.750	0.786	
OI2	0.683	0.798	
OI3	0.675	0.800	0.839
OI4	0.491	0.835	
OI5	0.659	0.803	
OI6	0.445	0.846	

在以上 CITC 和信度分析的基础上,对组织认同量表进行了探索性因子分析,为了确认是否可以进行因子分析,首先对其 KMO 值进行了检验,检验结果为 0.812,并且 Bartlett 的球形检验值为 246.518($P < 0.001$),说明适合进行 EFA 分析,具体分析结果见表 4-14。按照特征值大于 1 的原则析出一个公共因子,其累积方差为 56.045%,并且所有的因子载荷均大于 0.500。综上所述,说明组织认同量表适合进行后续的实证研究。

表 4-14　组织认同量表的 EFA 分析结果

条目	因子载荷
OI1	0.855
OI2	0.806
OI3	0.794
OI4	0.641
OI5	0.779
OI6	0.578
特征值	3.363
累积解释方差	56.045%

（4）组织自尊的 CITC、信度和因子分析结果

由表 4-15 可知,组织自尊的 10 个条目的 CITC 值处于 0.700 ~ 0.800,虽小于 0.629,远高于最低标准 0.300,并且该量表的整体 Cronbach' a 为 0.907,具有较好的信度水平,因此该量表所有题项均无须删除。

表 4-15　组织自尊量表的 CITC、信度分析结果

测量题项	CITC	删除该题项后的 Cronbach' a	Cronbach' a
OBSE1	0.758	0.891	
OBSE2	0.782	0.890	
OBSE3	0.575	0.904	
OBSE4	0.635	0.900	
OBSE5	0.608	0.901	
OBSE6	0.711	0.895	0.907
OBSE7	0.548	0.904	
OBSE8	0.762	0.891	
OBSE9	0.660	0.898	
OBSE10	0.648	0.899	

在以上 CITC 和信度分析的基础上,对边界跨越能力量表进行了探索性因子分析,为了确认是否可以进行因子分析,首先对其 KMO 值进行了检验,检验结果为 0.884,并且 Bartlett 的球形检验值为 631.683($P < 0.001$),说明适合进行 EFA 分析,具体分析结果见表 4-16。按照特征值大于 1 的原则析出一个公共因子,其累积方差为 55.079%,并且所有的因子载荷均大于 0.600。综上所述,说明边界跨越能力量表适合进行后续的实证研究。

表 4-16 组织自尊量表的 EFA 分析结果

条目	因子载荷
OBSE1	0.817
OBSE2	0.837
OBSE3	0.663
OBSE4	0.707
OBSE5	0.692
OBSE6	0.779
OBSE7	0.624
OBSE8	0.822
OBSE9	0.727
OBSE10	0.722
特征值	5.508
累积解释方差	55.079%

（5）员工行为有效性的 CITC、信度和因子分析结果

① 针对员工角色内行为有效性量表的检验

由表 4-17 可知, 员工角色内行为有效性量表的 8 个条目的 CITC 值处于 0.500 ~ 0.800, 均大于最低标准 0.300, 并且该量表的整体 Cronbach' a 为 0.908, 具有较好的信度水平, 因此该量表所有题项均无须删除。

表 4-17　角色内行为有效性量表的 CITC、信度分析结果

测量题项	CITC	删除该题项后的 Cronbach'a	Cronbach'a
RIB1	0.618	0.901	
RIB2	0.692	0.897	
RIB3	0.733	0.895	
RIB4	0.675	0.898	
RIB5	0.638	0.900	
RIB6	0.636	0.900	0.908
RIB7	0.582	0.903	
RIB8	0.626	0.901	
RIB9	0.648	0.899	
RIB10	0.672	0.899	
RIB11	0.673	0.898	

　　在以上 CITC 和信度分析的基础上,对员工角色内行为有效性量表进行了探索性因子分析,为了确认是否可以进行因子分析,首先对其 KMO 值进行了检验,检验结果为 0.874,并且 Bartlett 的球形检验值为 624.932($P < 0.001$),说明适合进行 EFA 分析,具体分析结果见表 4-18。按照特征值大于 1 的原则析出一个公共因子,其累积方差为 52.389%,并且所有的因子载荷均大于 0.600。综上所述,说明该员工角色内行为有效性量表适合进行后续的实证研究。

表 4-18　角色内行为有效性量表的 EFA 分析结果

条目	因子载荷
RIB1	0.693
RIB2	0.764
RIB3	0.793
RIB4	0.741
RIB5	0.706
RIB6	0.698

条目	因子载荷
RIB7	0.659
RIB8	0.696
RIB9	0.723
RIB10	0.742
RIB11	0.738
特征值	5.763
累积解释方差	52.389%

② 针对员工角色外行为有效性量表的检验

由于本书采用的角色外行为有效性量表包含针对个体的角色外行为有效性和针对组织的角色外行为有效性两个维度,因此首先分别对这两个维度进行了 CITC 和信度检验,见表 4-19。其中针对个体的角色外行为量表的所有题项的 CITC 值均大于 0.300,并且其 Cronbach'a 值为 0.783,因此,该维度所有题项均可以保留。但是在对针对组织的角色外行为维度的检验中却发现(见表 4-20),REBO 3 的 CITC 仅为 0.286(小于 0.300),并且删除该题项后的 Cronbach'a 为 0.710,因此删除该题项。然后再次进行了 CITC 检验(见表 4-21),此时所有题项的 CITC 值均大于 0.300,说明剩下的 5 个题项可以保留。

表 4-19　针对个体的角色外行为有效性量表的 CITC、信度分析结果

测量题项	CITC	删除该题项后的 Cronbach'a	Cronbach'a
REBI1	0.598	0.725	
REBI2	0.702	0.672	0.783
REBI3	0.504	0.771	
REBI4	0.562	0.746	

表 4-20　针对组织的角色外行为有效性量表的 CITC、信度分析结果

测量题项	CITC	删除该题项后的 Cronbach'a	Cronbach'a
REBO1	0.411	0.674	
REBO2	0.411	0.675	
REBO3	0.286	0.710	0.783
REBO4	0.594	0.617	
REBO5	0.482	0.654	
REBO6	0.466	0.661	

表 4-21　删除题项后的针对组织的角色外行为有效性量表的分析

测量题项	CITC	删除该题项后的 Cronbach'a	Cronbach'a
REBO1	0.490	0.654	
REBO2	0.454	0.668	
REBO4	0.552	0.628	0.710
REBO5	0.495	0.653	
REBO6	0.386	0.71	

　　在以上 CITC 和信度分析的基础上,对员工角色外行为有效性量表进行了探索性因子分析,为了确认是否可以进行因子分析,首先对其 KMO 值进行了检验,检验结果为 0.817,并且 Bartlett 的球形检验值为 331.199($P < 0.001$),说明适合进行 EFA 分析,具体分析结果见表 4-22。按照特征值大于 1 的原则析出一个公共因子,其累积方差为 44.963%,并且所有的因子载荷均大于 0.500。这说明在本书中,角色外行为有效性无法分为针对个体的角色外行为有效性和针对组织的角色外行为有效性两个维度,因此在后续的研究中将其作为单维度的角色外行为有效性对待。

表 4-22　角色外行为有效性量表的 EFA 分析结果

条目	因子载荷
REBI1	0.720
REBI2	0.762
REBI3	0.650
REBI4	0.736
REBO1	0.691
REBO2	0.640
REBO4	0.698
REBO5	0.591
REBO6	0.509
特征值	4.407
累积解释方差	44.963%

5 数据收集与有效性检验

在上一章的基础上,本章对正式调研问卷进行了修正,通过合理的问卷设计共发放 800 份问卷,按照无效问卷的剔除原则回收有效问卷 587 份,并基于这一数据进行了描述性分析及问卷信效度的检验。

5.1 数据收集与样本描述

5.1.1 数据收集

本研究需要获取工作 – 家庭边界强度的组织供给、员工偏好、组织认同、组织自尊、角色内行为有效性和角色外行为有效性等数据,而这些数据无法从企业的人力资源相关数据中获取,因此采取问卷调研的方式获取相关数据,获取相关数据的问卷设计思路、样本对象的选择方式,以及无效问卷的剔除原则如下所述。

(1)样本对象的选择

由于工作 – 家庭边界强度策略多适用于知识创造性而非劳动密集型的岗位(Albertsen 等,2010),因此在样本的调查范围上主要选择的是南京、苏州、上海等知识创造性企业比较密集的地区从事 IT 行业的企业员工。另外,在调研对象的选择上,需要基于本研究的目的考虑该企业是否存在正式或者非正式的工作 – 家庭边界策略,以及工作 – 家庭边界强度的差异性,因此选择了以上地区的 30 多家企业作为调研对象。

（2）无效问卷的剔除

尽量采用随机抽样的方式,现场和邮寄的方式共发放问卷800份,实际回收707份问卷。当所有问卷回收之后,进行废卷处理后得到有效问卷587份,样本有效率为73.38%。其中废卷的剔除原则为:① 连续5项及以上为空白的问卷;② 连续6个及以上选择相同的问卷;③ 根据问卷设计的互斥项,剔除答案相互矛盾的问卷。

5.1.2　描述性统计分析

问卷在性别、年龄、学历、职位等级、月收入和入职年限等人口统计学特征方面的分布情况如下:

性别方面:在587名员工中,男性有321人,占总人数的54.68%;女性相对较少,有266人,占总人数45.32%,见表5-1。

表5-1　正式调研样本的性别统计

人口特征变量	类别	样本数	比例/%
性别	男	321	54.68
	女	266	45.32

年龄方面:一半以上的员工年龄集中在30～39岁,共有310人,占总人数的52.81%;20～29岁的员工共有207人,占总人数的35.26%;40～49岁的员工有61人,占总人数的10.39%;其余20岁以下和50岁以上的员工共有9人,占总人数的1.53%,见表5-2。

表 5-2 正式调研样本的年龄统计

人口特征变量	类别	样本数	比例/%
	20 岁以下	2	0.34
	20 ~ 29 岁	207	35.26
年龄	30 ~ 39 岁	310	52.81
	40 ~ 49 岁	61	10.39
	50 岁以上	7	1.19

学历方面:大部分的员工具有本科学历,占总人数的75.98%;大专及以下的员工73 人和硕士67 人,分别占比12.44%和11.41%;博士学历的员工仅1 人,占总人数的0.17%,见表5-3。

表 5-3 正式调研样本的学历统计

人口特征变量	类别	样本数	比例/%
	大专及以下	73	12.44
学历	本科	446	75.98
	硕士	67	11.41
	博士	1	0.17

职位等级方面:一般员工共有442 人,占总人数的75.30%;基层管理者73 人,占总人数的12.44%;中层管理者64 人,占总人数的10.90%;高层管理者仅有8 人,占总人数的1.36%,见表5-4。

表 5-4　正式调研样本的职位等级统计

人口特征变量	类别	样本数	比例/%
	一般员工	442	75.30
	基层管理者	73	12.44
职位等级	中层管理者	64	10.90
	高层管理者	8	1.36

月收入方面:有 241 名员工的收入处于 5000～8000 的水平,占总人数的 41.06%;182 名员工处于 3000～5000 的水平,占比 31.01%;87 名员工处于 8000～10000 的高收入水平,占比 14.82%;收入在 3000 元以下和 10000 元以上的员工分别为 21 人和 56 人,分别占比 3.57% 和 9.54%,见表 5-5。

表 5-5　正式调研样本的月收入统计

人口特征变量	类别	样本数	比例/%
	3000 元以下	21	3.57
	3000～5000 元	182	31.01
月收入	5000～8000 元	241	41.06
	8000～10000 元	87	14.82
	10000 元以上	56	9.54

入职年限方面:有 225 名员工入职时间处于 5～10 年的等级,占总人数的 38.33%;164 名员工入职时间处于 3～5 年的等级,占总人数的 27.94%;127 名员工的入职时间处于 1～3 年的水平,占总人数的 21.64%;入职时间不到 1 年和超过 10 年的员工分别为 7 人和 64 人,分别占总人数的 1.19% 和 10.90%,见表 5-6。

表5-6 正式调研样本的工作年限统计

人口特征变量	类别	样本数	比例/%
	1 年以下	7	1.19
	1~3 年	127	21.64
入职年限	3~5 年	164	27.94
	5~10 年	225	38.33
	10 年以上	64	10.90

5.2 数据有效性检验

为了明确数据的有效性,还需要对预调研信效度的分析结果进行再次的验证,接下来利用正式调研中的数据在信度、内容效度、聚合效度和区分效度等方面进行验证。

5.2.1 信度分析

信度的分析方法采用类似于预调研分析中的 CITC 值、Cronbach'a,以及验证性因子分析的方法。

(1)工作－家庭边界一致性的 CITC、信度和因子分析结果

工作－家庭边界强度的组织供给量表的分析结果见表5-7,其 4 个条目的 CITC 值处于 0.700~0.900,远高于最低标准 0.300,并且该量表的整体 Cronbach'a 为 0.894,具有较好的信度水平,因此该量表所有题项均无须删除。

表 5-7 工作－家庭边界强度的组织供给量表的 CITC、信度分析结果

变量	题项	CITC	删除该题项后的 Cronbach'a	Cronbach'a
	WBS1	0.806	0.847	
	WBS2	0.762	0.864	
组织供给	WBS3	0.741	0.874	0.894
	WBS4	0.761	0.865	

工作－家庭边界强度的员工偏好量表的分析结果见表 5-8,其 4 个条目的 CITC 值处于 0.400 ~ 0.700,也高于最低标准 0.300,并且该量表的整体 Cronbach'a 为 0.780,具有较好的信度水平,因此该量表所有题项均无须删除。

表 5-8 工作－家庭边界强度的员工偏好量表的 CITC、信度分析结果

变量	题项	CITC	删除该题项后的 Cronbach'a	Cronbach'a
	WSP1	0.622	0.708	
	WSP2	0.475	0.778	
员工偏好	WSP3	0.630	0.703	0.780
	WSP4	0.620	0.708	

（2）边界跨越能力的 CITC、信度和因子分析结果

边界跨越能力量表的分析结果见表 5-9,其 8 个条目的 CITC 值处于 0.500 ~ 0.900,远高于最低标准 0.300,并且该量表的整体 Cronbach'a 为 0.919,具有较好的信度水平,因此该量表所有题项均无须删除。

表 5-9　边界跨越能力量表的 CITC、信度分析结果

变量	题项	CITC	删除该题项后的 Cronbach'a	Cronbach'a
边界跨越能力	BSA2	0.781	0.905	
	BSA3	0.77	0.906	
	BSA4	0.706	0.911	
	BSA5	0.808	0.903	0.919
	BSA6	0.691	0.912	
	BSA7	0.579	0.921	
	BSA8	0.783	0.905	
	BSA9	0.745	0.908	

（3）组织认同的 CITC、信度和因子分析结果

组织认同量表的分析结果见表 5-10，其 6 个条目的 CITC 值处于 0.500～0.800，远高于最低标准 0.300，并且该量表的整体 Cronbach'a 为 0.875，具有较好的信度水平，因此该量表所有题项均无须删除。

表 5-10　组织认同量表的 CITC、信度分析结果

变量	题项	CITC	删除该题项后的 Cronbach'a	Cronbach'a
组织认同	OI1	0.770	0.837	
	OI2	0.732	0.844	
	OI3	0.649	0.859	
	OI4	0.662	0.857	0.875
	OI5	0.720	0.847	
	OI6	0.550	0.876	

（4）组织自尊的 CITC、信度和因子分析结果

组织自尊量表的分析结果见表 5-11，其 10 个条目的 CITC 值处

于 0.700~0.800,远高于最低标准 0.300,并且该量表的整体 Cronbach' a 为 0.935,具有较好的信度水平,因此该量表所有题项均无须删除。

表 5-11　组织自尊量表的 CITC、信度分析结果

变量	题项	CITC	删除该题项后的 Cronbach' a	Cronbach' a
组织自尊	OBSE1	0.800	0.925	0.935
	OBSE2	0.790	0.925	
	OBSE3	0.742	0.928	
	OBSE4	0.749	0.928	
	OBSE5	0.704	0.93	
	OBSE6	0.764	0.927	
	OBSE7	0.658	0.932	
	OBSE8	0.827	0.924	
	OBSE9	0.725	0.929	
	OBSE10	0.646	0.933	

（5）员工行为有效性的 CITC、信度和因子分析结果

角色内行为有效性量表的分析结果见表 5-12,其 11 个条目的 CITC 值处于 0.600~0.800,远高于最低标准 0.300,并且该量表的整体 Cronbach' a 为 0.920,具有较好的信度水平,因此该量表所有题项均无须删除。

表 5-12　角色内行为有效性量表的 CITC、信度分析结果

变量	题项	CITC	删除该题项后的 Cronbach'a	Cronbach'a
角色行为有效性	RIB1	0.611	0.916	0.920
	RIB2	0.728	0.910	
	RIB3	0.746	0.91	
	RIB4	0.657	0.914	
	RIB5	0.694	0.912	
	RIB6	0.664	0.914	
	RIB7	0.637	0.915	
	RIB8	0.692	0.912	
	RIB9	0.712	0.911	
	RIB10	0.694	0.912	
	RIB11	0.693	0.912	

角色外行为有效性量表的分析结果见表 5-13,其 8 个条目的 CITC 值处于 0.400 ~ 0.700,远高于最低标准 0.300,并且该量表的整体 Cronbach'a 为 0.870,具有较好的信度水平,因此该量表所有题项均无须删除。

表 5-13　角色外行为有效性量表的 CITC、信度分析结果

变量	题项	CITC	删除该题项后的 Cronbach'a	Cronbach'a
角色外行为有效性	REBI1	0.669	0.851	0.870
	REBI2	0.697	0.848	
	REBI3	0.560	0.860	
	REBI4	0.654	0.851	
	REBO1	0.685	0.849	
	REBO2	0.62	0.855	
	REBO4	0.657	0.852	
	REBO5	0.487	0.868	
	REBO6	0.488	0.870	

5.2.2　内容效度分析

内容效度(content validity)指的是量表内容能多大程度上代表所要测量的构念(Haynes等,1995)。在内容效度的判断上通常是根据相关的文献和专家学者的访谈来对该量表所涵盖的层面和意义进行评估(陈晓萍等,2012)。

本研究为了保证所用量表的内容效度,从两个方面进行了控制:首先,工作-家庭边界强度的组织供给、员工偏好、边界跨越能力、组织认同、组织自尊、角色外行为有效性和角色内行为有效性量表均来自于国外成熟量表,并且已被国内学者引用并证实符合中国的情景(马丽等,2011;沈伊默等,2009;王成城等,2010),这在一定程度上能够保证该量表具有良好的内容效度(李敏等,2014);其次,在相关文献分析的基础上,针对所用量表进行了非正式的访谈分析和预调研分析,发现所用量表能够反映出所要测量的构念。综上所述,本研究所用量表的内容效度在一定程度上得到了保证。

5.2.3　聚合效度和区分效度分析

当测量某一构念时,测量的潜变量通常是难以直接观测的,因此无法确认这些潜变量所测量的就是我们需要测量的构念,而不是其他相近的构念。特别是当测量结果来源于同一种方法或同一被试时,无法确认测量的结果是反映所要测量的构念,还仅仅是因为使用同一种测量方式而带来的共同方法变异。为了消除这些疑虑,Campbell等提出了聚合效度(convergent validity)和区分效度(discriminant validity)的概念。

聚合效度(convergent validity)是指在使用不同方式测量同一构念时,所得到的测量分数因为测量同一构念而应该高度相关(campbell等,1959)。比如,在评价某一员工的专业技能时,不论是使用笔试还是面试的考核方式,其最终的考核分数应该高度相关。聚合效度的高低可以利用平均方差萃取量 AVE（average variance extracted）来判断，如果 AVE 大于 0.500 则说明具有良好的聚合效度。区分效度指的是利用不同的方法测量不同的构念时，它们之间应该能够加以区分。其具体的判定方法是分析每一个构念与其他构念之间的相关系数，如果其相关系数都小于平均方差萃取量 AVE 的平方根，则说明各个构念之间存在明显的区分度。

（1）聚合效度和模型拟合分析结果

① 工作 - 家庭边界一致性的聚合效度和模型拟合分析结果

根据上一章的分析结果可知，工作 - 家庭边界强度的组织供给量表为单维度量表，其验证性因子分析结果发现，该量表的拟合指标（$x^2/df = 1.790$, $IFI = 0.998$, $TLI = 0.994$, $CFI = 0.998$, $GFI = 0.997$, $RMSEA = 0.034$）满足邱正浩等提出的拟合指标合格标准（邱正浩等，2008），说明具有良好的拟合度，见表 5-14。此外，该量表的因子载荷均大于 0.800，且其平均提取方差 AVE 为 0.761，大于合格标准 0.500，因此具有良好的聚合效度水平。

表 5-14　工作 - 家庭边界强度的组织供给量表的聚合效度分析

变量	题项	标准化载荷	标准误差（SE）	CR	AVE
组织供给	WBS1	0.896	0.049	0.927	0.761
	WBS2	0.869	0.05		
	WBS3	0.854	0.042		
	WBS4	0.869	0.051		

模型拟合指标：$x^2/df = 1.790$, $IFI = 0.998$, $TLI = 0.994$, $CFI = 0.998$, $GFI = 0.997$, $RMSEA = 0.034$

工作 - 家庭边界强度的员工偏好的验证性因子分析结果发现（见表 5-15），该量表的拟合指标（$x^2/df = 1.671$, $IFI = 0.999$, $TLI = 0.997$, $CFI = 0.999$, $GFI = 0.998$, $RMSEA = 0.037$）满足邱正浩等提出的拟合指标合格标准（邱正浩等，2008），说明具有良好的拟合度。此外，该量表的因子载荷均大于 0.600，且其平均提取方差 AVE 为

0.603，大于合格标准 0.500，因此具有良好的聚合效度水平。

表 5-15　工作－家庭边界强度的员工偏好量表的聚合效度分析

变量	题项	标准化载荷	标准误差(SE)	CR	AVE
员工偏好	WSP1	0.806	0.049	0.858	0.603
	WSP2	0.678	0.050		
	WSP3	0.811	0.042		
	WSP4	0.804	0.051		

模型拟合指标：$x^2/df = 1.671$，$IFI = 0.999$，$TLI = 0.997$，$CFI = 0.999$，$GFI = 0.998$，$RMSEA = 0.037$

② 边界跨越能力的聚合效度和模型拟合分析结果

根据上一章的分析可知，边界跨越能力量表为单维度量表，由其验证性因子分析结果发现（见表 5-16），该量表的拟合指标（$x^2/df = 2.666$，$IFI = 0.991$，$TLI = 0.985$，$CFI = 0.991$，$GFI = 0.982$，$RMSEA = 0.053$）满足邱正浩等提出的拟合指标合格标准（邱正浩等，2008），说明具有良好的拟合度。此外，该量表的因子载荷均大于 0.700，且其平均提取方差 AVE 为 0.664，大于合格标准 0.500，因此具有良好的聚合效度水平。

表 5-16　边界跨越能力量表的聚合效度分析

变量	题项	标准化载荷	标准误差(SE)	CR	AVE
边界跨越能力	WSF2	0.844	0.062	0.935	0.644
	WSF3	0.836	0.061		
	WSF4	0.776	0.063		
	WSF5	0.865	0.059		
	WSF6	0.762	0.064		
	WSF7	0.661	0.059		
	WSF8	0.842	0.055		
	WSF9	0.816	0.059		

模型拟合指标：$x^2/df = 2.666$，$IFI = 0.991$，$TLI = 0.985$，$CFI = 0.991$，$GFI = 0.982$，$RMSEA = 0.053$

③ 组织认同的聚合效度和模型拟合分析结果

根据上一章的分析可知,组织认同量表为单维度量表,由其验证性因子分析结果发现(见表 5-17),该量表的拟合指标($x^2/df = 2.875$, $IFI = 0.992$, $TLI = 0.983$, $CFI = 0.992$, $GFI = 0.989$, $RMSEA = 0.057$)满足邱正浩等提出的拟合指标合格标准(邱正浩等,2008),说明具有良好的拟合度。此外,该量表的因子载荷均大于 0.700,且其平均提取方差 AVE 为 0.620,大于合格标准 0.500,因此具有良好的聚合效度水平。

表 5-17   组织认同量表的聚合效度分析

变量	题项	标准化载荷	标准误差(SE)	CR	AVE
	OI1	0.856	0.05		
	OI2	0.83	0.051		
	OI3	0.761	0.048		
组织认同	OI4	0.775	0.046	0.907	0.620
	OI5	0.819	0.048		
	OI6	0.669	0.052		

模型拟合指标:$x^2/df = 2.875$, $IFI = 0.992$, $TLI = 0.983$, $CFI = 0.992$, $GFI = 0.989$, $RMSEA = 0.057$

④ 组织自尊的聚合效度和模型拟合分析结果

根据上一章的分析可知,组织自尊量表为单维度量表,由其验证性因子分析结果发现(见表 5-18),该量表的拟合指标($x^2/df = 2.686$, $IFI = 0.993$, $TLI = 0.983$, $CFI = 0.993$, $GFI = 0.983$, $RMSEA = 0.054$)满足邱正浩等提出的拟合指标合格标准(邱正浩等,2008),说明具有良好的拟合度。此外,该量表的因子载荷均大于 0.700,且其平均提取方差 AVE 为 0.633,大于合格标准 0.500,因此具有良好的聚合效度水平。

表 5-18　组织自尊量表的聚合效度分析

变量	题项	标准化载荷	标准误差(SE)	CR	AVE
组织自尊	OBSE1	0.844	0.049	0.945	0.633
	OBSE2	0.837	0.048		
	OBSE3	0.796	0.049		
	OBSE4	0.801	0.052		
	OBSE5	0.767	0.047		
	OBSE6	0.817	0.045		
	OBSE7	0.723	0.041		
	OBSE8	0.867	0.046		
	OBSE9	0.778	0.05		
	OBSE10	0.710	0.038		

模型拟合指标:$x^2/df = 2.686, IFI = 0.993, TLI = 0.983, CFI = 0.993, GFI = 0.983, RMSEA = 0.054$

⑤ 员工行为有效性的聚合效度和模型拟合分析结果

根据上一章的分析可知,角色内行为有效性量表为单维度量表,由其验证性因子分析结果发现(见表 5-19),该量表的拟合指标($x^2/df = 3.330, IFI = 0.980, TLI = 0.965, CFI = 0.980, GFI = 0.969, RMSEA = 0.063$)满足邱正浩等提出的拟合指标合格标准(邱正浩等,2008),说明具有良好的拟合度。此外,该量表的因子载荷均大于 0.600,且其平均提取方差 AVE 为 0.559,大于合格标准 0.500,因此具有良好的聚合效度水平。

表 5-19　角色内行为有效性量表的聚合效度分析

变量	题项	标准化载荷	标准误差(SE)	CR	AVE
	RIB1	0.677	0.042		
	RIB2	0.785	0.042		
	RIB3	0.799	0.041		
	RIB4	0.719	0.041		
	RIB5	0.754	0.041		
角色内行为有效性	RIB6	0.725	0.041	0.934	0.559
	RIB7	0.710	0.041		
	RIB8	0.757	0.037		
	RIB9	0.775	0.038		
	RIB10	0.758	0.036		
	RIB11	0.753	0.04		

模型拟合指标:$x^2/df = 3.330$,$IFI = 0.980$,$TLI = 0.965$,$CFI = 0.980$,$GFI = 0.969$,$RMSEA = 0.063$

角色外行为有效性量表的验证性因子分析结果发现(见表 5-20),该量表的拟合指标($x^2/df = 2.999$,$IFI = 0.980$,$TLI = 0.967$,$CFI = 0.980$,$GFI = 0.977$,$RMSEA = 0.058$)满足邱正浩等提出的拟合指标合格标准(邱正浩等,2008),说明具有良好的拟合度。此外,该量表的因子载荷均大于 0.500,且其平均提取方差 AVE 为 0.506,大于合格标准 0.500,因此具有良好的聚合效度水平。

表 5-20   角色外行为有效性量表的聚合效度分析

变量	题项	标准化载荷	标准误差(SE)	CR	AVE
	REBI1	0.763	0.038		
	REBI2	0.799	0.04		
	REBI3	0.656	0.042		
	REBI4	0.763	0.041		
角色外行为有效性	REBO1	0.779	0.041	0.901	0.506
	REBO2	0.723	0.039		
	REBO4	0.747	0.038		
	REBO5	0.564	0.047		
	REBO6	0.565	0.05		

模型拟合指标:$x^2/df = 2.999$,$IFI = 0.980$,$TLI = 0.967$,$CFI = 0.980$,$GFI = 0.977$,$RMSEA = 0.058$

（2）区分效度分析结果

通过计算各个构念之间的相关系数及平均方差萃取量 AVE 的平方根发现（见表 5-21），所有构念之间的相关系数均小于其 AVE 的平方根，由此可以判定各个变量之间存在良好的区分度。

表 5-21 构念之间的区分效度检验结果

变量	1	2	3	4	5	6	7
1. 工作－家庭边界强度的组织供给	(0.872)						
2. 工作－家庭边界强度的员工偏好	−0.137**	(0.777)					
3. 边界跨越能力	0.019	0.120**	(0.802)				
4. 组织认同	0.137**	−0.103*	−0.439**	(0.787)			
5. 组织自尊	0.175**	−0.080	−0.482**	0.710**	(0.796)		
6. 角色内行为	0.023	−0.223**	−0.358**	0.549**	0.721**	(0.748)	
7. 角色外行为	0.060	−0.212**	−0.396**	0.679**	0.732**	0.745**	(0.816)

注：** 表示 $P < 0.01$；* 表示 $P < 0.05$。

5.2.4 共同方法偏差检验

尽管在问卷的设置上按照 Chang 等的方法已经尽力避免同源方差的出现(Chang 等,2010),但由于本书所有变量的测量均来自于同一被试,因此此类方差无法完全避免。为了测试是否存在严重的同源方差问题,利用 Harman 单因子检验对本书所有的测量题项进行了未旋转的因子分析,结果发现,旋转出的因子中解释力最强的因子解释的变异量为 32.362%,没有占到总方差解释量 66.302% 的一半,因此可以认为本书所用数据的同源方差并不严重,数据是可以用来进行实证的。

6 假设检验

关于匹配性的研究中,以往最常采用的方法是"差值法",也就是将评价环境因素和个体因素的同一属性量表的两个分数进行相减,取差值的绝对值或者平方项作为评判依据。然而这一方法存在较大缺陷,例如,会降低结论的可靠性,混淆环境和个人的影响效应等(Edwards 等,2000)。更为重要的是,这种方法不能体现出个人、环境、个体产出三者之间的三维关系。因此,Edwards 等针对差值法的不足,建议采用多项式回归方程的方式结合三维响应曲面来表征个体与环境的匹配对结果变量的影响(Edwards 等,1999;Edwards 等,2000)。Edwards 等的方法主要包含两大步骤,首先,需要利用多项式回归方法,在检验完控制变量对结果变量(z)影响的基础上,加入环境变量(x)、个体特征变量(y)、环境变量的平方(x^2)、环境变量与个体特征变量的交互项(xy)及个体特征变量的平方项(y^2)。具体方程式如公式(1)所示,即

$$z = a_0 + a_1 x + a_2 y + a_3 x^2 + a_4 xy + a_5 y^2 + e_z \quad (1)$$

然后再根据公式(1)中 x, y, x^2, xy 及 y^2 的回归系数,利用三维响应曲面图呈现出 x, y, z 之间的三维关系。三维响应曲面的基本原理是利用 $x = y$ 时的斜率来判断环境变量与个体特征变量相匹配时个体产出的状态,用 $x = -y$ 时的斜率来判断环境变量与个体特征变量不匹配时个体产出的状态。

当 $x = y$ 时,$z = a_0 + (a_1 + a_2)x + (a_3 + a_4 + a_5)x^2 + e_+$ (2)

当 $x = -y$ 时,$z = a_0 + (a_1 - a_2)x + (a_3 - a_4 + a_5)x^2 + e_-$ (3)

其具体的判断标准包括两个方面:首先根据公式(2)计算 $m_1 = a_1 + a_2, m_2 = a_3 + a_4 + a_5$ 并进行检验。如果 m_1 是显著的,就说明沿着 $x = y$ 对角线的方向是一条直线,说明 x 和 y 的匹配与 z 之间是一种线性关系,更进一步;如果 m_2 是显著的,则说明沿着 $x = y$ 对角线的方向存在一个曲面。然后根据公式(3)计算 $n_1 = a_1 - a_2, n_2 = a_3 - a_4 + a_5$ 并进行检验,类似于 m_1, m_2 结果的判断方法,n_1, n_2 显著则说明沿着 $x = -y$ 对角线的方向上,三个变量之间是曲面的关系。

利用上述的步骤可以检验匹配性的直接效应,但在本书的研究中还涉及组织认同的中介效应,Edwards 等为了能够明确中介效应的大小,利用 Heise 和 Igra 等提出的打包变量(block variable approach)的方法,根据多项式回归的结果,将 5 个多项式项目($x, y,$ x^2, xy 和 y^2)打包成一个变量来代表两个变量之间的匹配效应(Edwards 等,2009;Heise,1972;Igra,1979),然后再按照传统中介效应的检验方式求出中介变量在匹配与其结果变量之间具体的中介效应数值(Baron 等,1986)。

① 针对中介效应的检验具体的步骤如下:

$$z = \rho_0 + \rho_1 x + \rho_2 y + \rho_3 x^2 + \rho_4 xy + \rho_5 y^2 + e_z \tag{4}$$

$$Me = a_0 + a_1 x + a_2 y + a_3 x^2 + a_4 xy + a_5 y^2 + e_{Me} \tag{5}$$

$$Z = \beta_0 + \beta_1 x + \beta_2 y + \beta_3 x^2 + \beta_4 xy + \beta_5 y^2 + \beta_6 Me + e \tag{6}$$

通过上面三个回归方程(4)、(5)、(6)的 R^2 的变动,可以判断 Me 在 x 和 y 之间有没有中介作用,然后为了确定中介效应的大小,根据公式(5)所得到的非标准回归系数,将 5 个多项式项目($x, y,$ x^2, xy 和 y^2)打包成一个变量 x',再根据 Hayes 等开发的 Spss 宏指令(medcurve),利用 OLS 对公式(7)和(8)中的系数进行估计,并利用 Bootstrap 方法检验其显著性(Hayes 等,2010)。

$$Me = a_0' + a_1' x' + e_{Me}' \tag{7}$$

$$Z = \beta_0' + \beta_1' x' + \beta_2 Me' + e' \tag{8}$$

② 针对调节效应的检验具体的步骤如下：

$$z = a_0 + a_1x + a_2y + a_3x^2 + a_4xy + a_5y^2 + e_z \tag{9}$$

$$Z = \beta_0 + \beta_1x + \beta_2y + \beta_3x^2 + \beta_4xy + \beta_5y^2 + Mo + \beta_1xMo + \beta_2yMo + \\ \beta_3x^2Mo + \beta_4xyMo + \beta_5y^2Mo + e_{Mo} \tag{10}$$

通过上面的两个回归方程（9）、（10）的 R^2 的变动，判断 Mo 在匹配和结果变量之间的调节效应是否存在，然后根据公式（9）所得到的非标准回归系数，将 5 个多项式项目（x, y, x^2, xy 和 y^2）打包成一个变量 S'，最后根据公式（11）计算具体的调节效应的大小。

$$Z' = \beta_0 + \beta_1S' + \beta_2Mo + \beta_3S'Mo + e_{Mo}' \tag{11}$$

6.1 主效应检验

根据上述 Edwards 等（2000）提出的匹配方法的研究（Edwards 等, 2000），对假设 1a, 1b, 2a, 2b 中涉及的主效应进行了检验，具体结果见表 6-1。由于假设 1a, 1b 都是关于员工偏好与组织供给的一致性是不是比不一致要好的问题，因此只要在沿着员工偏好 = − 组织供给的方向存在曲面，这两个假设就能得到验证。

表 6-1　主效应的多项式回归方程结果

变量	角色内行为有效性		角色外行为有效性	
	模型 1	模型 2	模型 3	模型 4
常数	0.510^{**}	0.841^{***}	0.359^{*}	0.672^{***}
性别	0.059	0.086	0.109	0.139
年龄	− 0.01	− 0.044	− 0.019	− 0.057
教育水平	− 0.035	− 0.059	− 0.026	− 0.051
职位	0.120^{**}	0.076	0.107^{*}	0.065
收入	$− 0.150^{***}$	$− 0.136^{***}$	$− 0.092^{**}$	$− 0.077^{*}$
工作年限	− 0.049	− 0.044	− 0.054	− 0.048
工作 − 家庭边界强度的组织供给（S）		− 0.037		− 0.011

变量	角色内行为有效性		角色外行为有效性	
	模型 1	模型 2	模型 3	模型 4
工作 – 家庭边界强度的员工偏好(P)		-0.318^{***}		-0.310^{***}
S^2		-0.136^{***}		-0.113^{***}
$S \times P$		0.200^{***}		0.213^{***}
P^2		-0.089^{*}		-0.095^{*}
R^2	0.053	0.197	0.033	0.169
$\triangle R^2$	0.053	0.143	0.033	0.135
$\triangle F$	5.455^{***}	20.488^{***}	3.349^{**}	18.710^{***}
沿 $S = P$ 对角线的方向				
直线检验($m_1 = a_1 + a_2$)		-0.355^{***}		-0.321^{***}
曲线检验($m_2 = a_3 + a_4 + a_5$)		-0.025		0.005
沿 $S = -P$ 对角线的方向				
直线检验($n_1 = a_1 - a_2$)		0.281^{***}		0.299^{***}
曲线检验($n_2 = a_3 - a_4 + a_5$)		-0.425^{***}		-0.421^{***}

注：*** 表示 $P < 0.001$；** 表示 $P < 0.01$；* 表示 $P < 0.05$。

6.1.1 边界强度的一致性与角色内行为有效性之间的关系检验

由表 6-1 中的模型 1 – 2 可知,在关于边界强度的一致性与角色内行为关系的检验中,当控制了人口统计学变量加入 $S, P, S^2, S \times P$ 和 P^2 以后,$a_1 - a_2 = 0.281(P < 0.001)$ 是显著的,由此推测沿着员工偏好 = – 组织供给的对角线方向可能存在一条直线。但同时 $a_3 - a_4 + a_5 = -0.425(P < 0.001)$ 也是显著的,说明沿着组织供给 = – 员工偏好的对角线方向,组织供给、员工偏好和角色内行为有效性三者之间不是单纯的直线关系,而是存在倒 U 形曲面关系(见图 6-1)。具体而言,随着组织供给接近于员工偏好的过程中员工角色内行为的有效性逐渐增加,并在二者相匹配时达到最高,而当组织供

给越过员工偏好并继续增加时,员工角色内行为的有效性又开始逐渐降低,因此,假设 1a 得到验证。

此外,在关于边界强度的一致性与角色内行为有效性关系的检验中,表 6-1 还检验了在员工偏好 = 组织供给方向上的直线与曲面的斜率,发现模型 1 - 模型 2 的结果 $a_1 + a_2 = -0.355(P < 0.001)$ 显著,而 $a_3 + a_4 + a_5 = -0.025$ 不显著,由此推测沿着员工偏好 = 组织供给的对角线方向存在一条直线(见图 6-1),意味着在完全匹配的情况下,弱工作 - 家庭边界的员工偏好与组织供给的匹配所能激发的角色内行为有效性比强工作 - 家庭边界的员工偏好与组织供给的匹配情况下更高,假设 2a 得到验证。

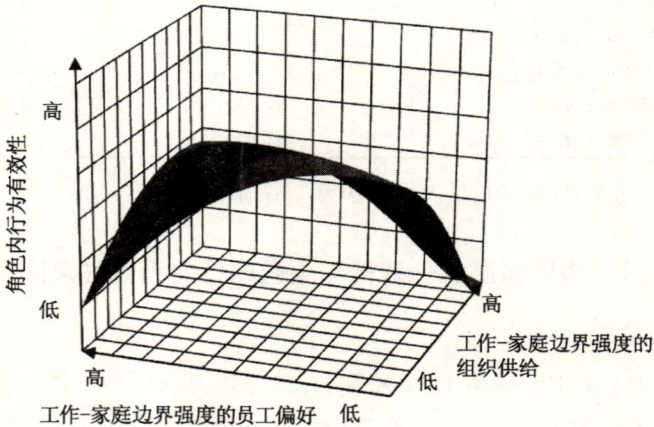

图 6-1　组织供给、员工偏好与角色内行为有效性之间的三维响应曲面图

6.1.2　边界强度的一致性与角色外行为有效性之间的关系检验

在关于边界强度的一致性与角色外行为有效性关系的检验中,模型 3 - 模型 4 表明,在员工偏好 = -组织供给的对角线方向上,控制了人口统计学变量并加入 $S, P, S^2, S \times P$ 和 P^2 以后,$a_1 - a_2 =$

0.299（$P<0.001$）非常显著,说明在这一对角线可能存在一条直线,而对这一对角线上的曲线检验结果 $a_3 - a_4 + a_5 = -0.421$（$P<0.001$）也是显著的,说明在这一对角线方向上组织供给、员工偏好和角色外行为有效性之间是一种倒 U 形的曲面关系,即只有当组织供给与员工偏好相等时,员工才能产生最有效的角色外行为（见图6-2）,因此假设 1b 得到验证。

此外,类似于边界强度的一致性与角色内行为有效性在组织供给 = 员工偏好上的检验结果,在关于边界强度的一致性与角色外行为有效性关系的检验中也存在类似的结论,即 $a_1 + a_2 = -0.321$（$P<0.001$）显著,而 $a_3 + a_4 + a_5 = -0.005$ 不显著,弱工作－家庭边界的员工偏好与组织供给所能激发的角色外行为有效性,比强工作－家庭边界的员工偏好与组织供给匹配情况下更高（见图6-2）,假设2b 得到验证。

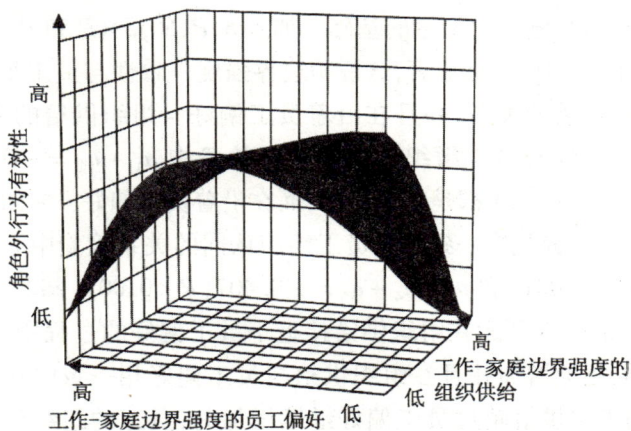

图6-2　组织供给、员工偏好与角色外行为有效性之间的三维响应曲面图

6.2　中介效应检验

为了验证组织认同与组织自尊在边界强度一致性与员工行为

有效性之间的中介效应,本书采用 Edwards 等(2009)等提出的中介效应检验方法,首先检验边界强度一致性与员工行为有效性之间的关系(在假设 1a,1b,2a,2b 的检验中已经进行了验证)。其次,验证边界强度一致性与组织认同和组织自尊之间的关系。最后,需要在边界强度一致性与员工行为有效性回归的基础上,将组织认同和组织自尊作为自变量分别纳入回归分析中,检验 R^2 是否有所变化以达到识别组织认同与组织自尊是否在边界强度一致性与员工行为有效性的关系中具有中介效应的目的。

6.2.1 组织认同的中介效应检验

按照前文所述中介效应检验的方法,边界强度的一致性与员工行为有效性之间的关系已经得到验证(假设 1a,1b 的检验),边界强度一致性与员工组织认同之间的关系见表6-2 中的模型 1 和模型 2,在控制了人口统计学变量的基础上加入 $S,P,S^2,S \times P$ 和 P^2 以后,其 R^2 增加了 0.083,并且显著,这说明边界强度一致性与员工组织认同之间存在显著的关系,并且在沿着员工偏好 = 组织供给的方向,边界强度一致性与员工组织认同的关系检验中 $a_1 + a_2 = -0.099$ 和 $a_3 + a_4 + a_5 = 0.123$ 都是不显著的,而在沿着员工偏好 = − 组织供给的方向上,边界强度一致性与员工组织认同的关系检验中 $a_1 - a_2 = 0.217(P < 0.001)$ 和 $a_3 - a_4 + a_5 = -0.407(P < 0.001)$ 却非常显著,这说明如图 6-3 所示在组织供给接近于员工偏好的过程中,员工的组织认同逐渐增加并且在组织供给与员工偏好相一致时达到最大值,而当组织供给越过员工偏好继续增加时,员工的组织认同又逐渐开始下降,这部分验证了假设 3a,3b。进一步,在检验员工组织认同在边界强度一致性与员工的行为有效性中的中介效应时(见表6-2 中模型 3 ~ 模型 6),发现在边界强度一致性与员工角色内行为有效性和角色外行为有效性回归的基础上,将员工组织认同作为自变量纳入回归分析中,其 R^2 分别变动 0.211($P < 0.001$)和 0.362($P <$

0.001），这说明组织认同在边界强度一致性与员工的行为关系中具有中介效应，假设 3a,3b 得到验证。

表 6-2　组织认同中介效应检验的多项式回归分析结果

变量	组织认同		角色内行为有效性		角色外行为有效性	
	模型 1	模型 2	模型 3	模型 4	模型 5	模型 6
常数	0.246	0.531 *	0.841 ***	0.642	0.672 ***	0.416 ***
性别	0.013	0.045	0.086	0.069	0.139	0.118 **
年龄	0.140 *	0.092	−0.044	−0.079	−0.057	−0.101 **
教育水平	−0.062	−0.083	−0.059	−0.027	−0.051	−0.011
职位	−0.01	−0.041	0.076	0.092	0.065	0.085 **
收入	−0.071	−0.057	−0.136 ***	−0.114	−0.077 *	−0.049 *
工作年限	−0.087	−0.075	−0.044	−0.016	−0.048	−0.012
工作–家庭边界强度的组织供给（S）		0.059	−0.037	−0.059	−0.011	−0.040
工作–家庭边界强度的员工偏好（P）		−0.158 *	−0.318 ***	−0.259	−0.310 ***	−0.234 ***
S^2		−0.131 **	−0.136 ***	−0.087	−0.113 *	−0.050 *
$S \times P$		0.265 ***	0.200 ***	0.101	0.213 ***	0.085 *
P^2		−0.011	−0.089 *	−0.085	−0.095 *	−0.089 **
组织认同				0.374		0.481 ***
R^2	0.019	0.102	0.197	0.407	0.169	0.530
$\triangle R^2$	0.019	0.083	0.197	0.211	0.169	0.362
$\triangle F$	1.823	10.662 ***	12.787 ***	204.010 ***	10.604 ***	441.926 ***
沿 $S = P$ 对角线的方向						
直线检验（$m_1 = a_1 + a_2$）		−0.099	−0.355 ***	−0.318 ***	−0.321 ***	−0.274 ***
曲线检验（$m_2 = a_3 + a_4 + a_5$）		0.123	−0.025	−0.071	0.005	−0.054
沿 $S = -P$ 对角线的方向						
直线检验（$n_1 = a_1 - a_2$）		0.217 **	0.281 ***	0.200 ***	0.299 ***	0.194 ***
曲线检验（$n_2 = a_3 - a_4 + a_5$）		−0.407 ***	−0.425 ***	−0.273 ***	−0.421 ***	−0.224 ***

注：*** 表示 $P < 0.001$；** 表示 $P < 0.01$；* 表示 $P < 0.05$；回归系数为非标准化系数。

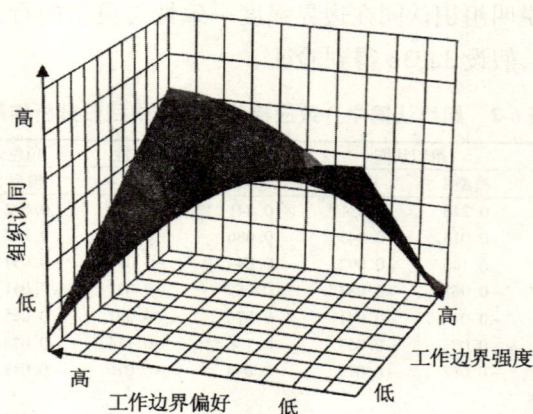

图 6-3   组织供给、员工偏好与组织认同之间的三维响应曲面图

为了能够明确边界强度一致性对员工行为有效性影响的直接效应和通过组织认同的间接效应大小，根据表 6-2 中的模型 1 中的5 个多项式项目（$S, P, S^2, S \times P$ 和 P^2）对组织认同的回归系数，将 S, P, S^2，$S \times P$ 和 P^2 打包成一个变量以检验组织认同的中介效应。然后根据 Hayes 等（2010）开发的 Spss 宏指令（medcurve），估计各个路径系数（见表 6-3），并利用 Bootstrap 方法检验其显著性。结果如图 6-4 所示。

表 6-3   打包方式下的组织认同中介效应检验结果

变量	组织认同	角色内行为有效性	角色外行为有效性
打包变量	1.058 ***	0.630 ***	0.488 ***
组织认同		0.369 ***	0.479 ***
通过组织认同的间接效应	0.391 ***	0.506 ***	
95% 的置信区间		(0.270, 0.512)	(0.359, 0.653)

注：Bootstrap = 10000；*** 表示 $P < 0.001$；** 表示 $P < 0.01$；* 表示 $P < 0.05$；回归系数为非标准化系数。

从表 6-3 可以看出，打包变量与组织认同之间的路径系数为 1.058（$P < 0.001$），在此基础上的边界强度一致性对角色内行为有

效性和角色外行为有效性的直接效应分别为 $0.630(P<0.001)$ 和 $0.488(P<0.001)$，通过组织认同的间接效应分别为 $0.391(P<0.001)$ 和 $0.506(P<0.001)$，这说明组织认同在边界强度的一致性与员工的行为有效性之间起着部分的中介作用，假设 3a，3b 得到支持。

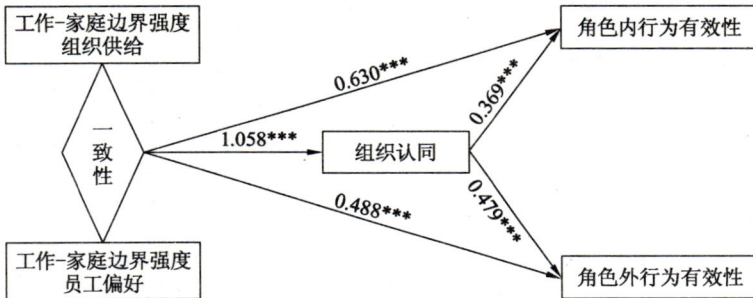

图6-4　组织认同的中介效应路径图

6.2.2　组织自尊的中介效应检验

与组织认同的中介效应检验方式一样，组织自尊的中介效应检验首先需要验证边界强度一致性与员工行为有效性之间的关系（在假设 1a，1b 的检验中已经进行了验证）。其次，需要检验边界强度一致性与员工组织自尊之间的关系，见表6-4。在对控制变量进行回归的基础上，将 5 个多项式项目（$S，P，S^2，S\times P$ 和 P^2）纳入回归以后，其 R^2 增加了 $0.120(P<0.001)$，说明组织供给与员工偏好的匹配效应会对员工组织认同产生影响。在组织供给 = 员工偏好方向上的检验中，$a_1+a_2=-0.012$ 和 $a_3+a_4+a_5=0.125$ 都不显著，但在组织供给 = − 员工偏好方向上的检验中发现，$a_1-a_2=0.195$ $(P<0.001)$ 和 $a_3-a_4+a_5=-0.445(P<0.001)$ 都非常显著，这说明在组织供给接近于员工偏好的过程中，员工的组织自尊逐渐增加，并且在组织供给与员工偏好相一致时达到最大值，而当组织供给越过员工偏好继续增加时，员工的组织自尊又逐渐开始下降（见

图 6-5)，这部分验证了假设 4a,4b。然后，在边界强度一致性与员工角色内行为有效性和角色外行为有效性回归的基础上，将组织自尊纳入回归分析中，发现其 R^2 分别变动了 0.396（$P < 0.001$）和 0.437（$P < 0.001$），这说明组织自尊在边界强度一致性与员工行为有效性的关系中具有中介效应，假设 4a,4b 得到验证。

表 6-4　组织自尊中介效应检验的多项式回归分析结果

变量	组织自尊		角色内行为有效性		角色外行为有效性	
	模型 1	模型 2	模型 3	模型 4	模型 5	模型 6
常数	− 2.253 ***	− 1.938 ***	0.841 ***	1.931 ***	0.672 ***	1.796 ***
性别	− 0.031	0.003	0.086	0.084 **	0.139	0.138 ***
年龄	0.066	0.01	− 0.044	− 0.050	− 0.057	− 0.063
教育水平	− 0.168 *	− 0.184 **	− 0.059	0.045	− 0.051	0.055
职位	− 0.024	− 0.05	0.076	0.104 ***	0.065	0.094 ***
收入	− 0.169 ***	− 0.157 ***	− 0.136 ***	− 0.047 *	− 0.077 *	0.014
工作年限	− 0.085	− 0.068	− 0.044	− 0.006	− 0.048	− 0.009
工作－家庭强度的组织供给（S）		0.091 **	− 0.037	− 0.088 ***	− 0.011	− 0.064 **
工作－家庭强度的员工偏好（P）		− 0.104	− 0.318 ***	− 0.260 ***	− 0.310 ***	− 0.250 ***
S^2		− 0.175 ***	− 0.136 ***	− 0.038	− 0.113 ***	− 0.011
$S \times P$		0.287 ***	0.200 ***	0.038	0.213 ***	0.046
P^2		0.013	− 0.089 *	− 0.096 **	− 0.095 *	− 0.102 ***
组织自尊				0.563 ***		0.580 ***
R^2	0.075	0.195	0.197	0.593	0.169	0.605
$\triangle R^2$	0.075	0.120	0.197	0.396	0.169	0.437
$\triangle F$	7.784 ***	17.178 ***	12.787 ***	558.305 ***	10.604 ***	634.598 ***
沿 $S = P$ 对角线的方向						
直线检验（$m_1 = a_1 + a_2$）		− 0.013	− 0.355 ***	− 0.348 **	− 0.321 ***	− 0.314 ***
曲线检验（$m_2 = a_3 + a_4 + a_5$）		0.125	− 0.025	− 0.098	0.005	− 0.067
沿 $S = -P$ 对角线的方向						
直线检验（$n_1 = a_1 - a_2$）		0.195 **	0.281 ***	0.172 ***	0.299 ***	0.186 ***
曲线检验（$n_2 = a_3 - a_4 + a_5$）		− 0.449 ***	− 0.425 ***	− 0.172 **	− 0.421 ***	− 0.159 ***

注：*** 表示 $P < 0.001$；** 表示 $P < 0.01$；* 表示 $P < 0.05$。

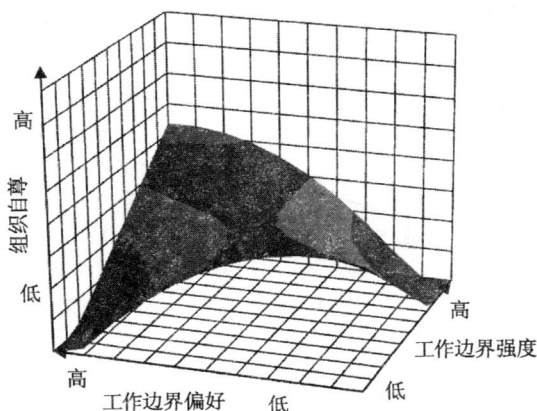

图6-5 组织供给、员工偏好与组织自尊之间的三维响应曲面图

为了能够明确边界强度一致性对员工行为有效性影响的直接效应及通过组织认同和组织自尊的间接效应大小,采用与检验组织认同中介效应一样的方法进行检验,结果见表6-5。

表6-5 打包方式下的组织自尊中介效应检验结果

变量	组织自尊	角色内行为 有效性	角色外行为 有效性
打包变量	1.012***	0.079	0.077
组织认同		0.574***	0.590***
通过组织认同的间接效应		0.580***	0.596***
95%的置信区间		(0.444, 0.716)	(0.458, 0.735)

注:Bootstrap = 10000;*** 表示 $P < 0.001$;** 表示 $P < 0.01$;* 表示 $P < 0.05$。

从表6-5中可以看出,打包变量与组织自尊之间的路径系数为 1.012($P < 0.001$),在此基础上的出边界强度一致性对角色内行为有效性、角色外行为有效性的直接效应分别为 0.079 和 0.077,都不显著。与此同时,边界强度一致性通过组织自尊的间接效应分别为 0.580($P < 0.001$)和 0.596($P < 0.001$),结果非常显著,这说明组织认同在工作 - 家庭管理一致性与员工的角色内行为有效性、角色外

行为有效性之间起着完全的中介作用,因此假设 4a,4b 得到验证,如图 6-6 所示。

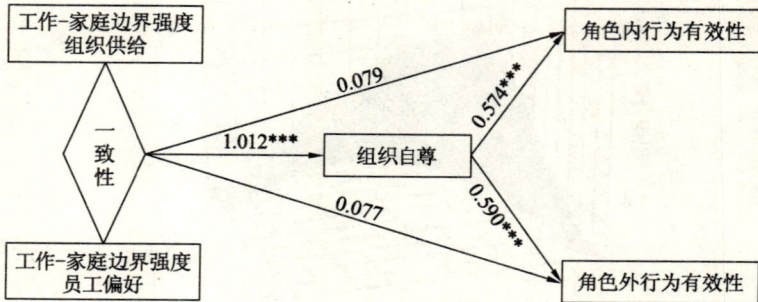

图 6-6　组织自尊的中介效应路径图

6.3　调节效应检验

根据上文提到的公式(7)、(8)和(9),利用多项式回归方法对边界跨越能力在边界强度一致性与组织认同、组织自尊、角色内行为有效性和角色外行为有效性之间的调节效应进行分析,其结果见表 6-6 和表 6-7。

表 6-6　边界一致性与结果变量关系中调节效应的检验

变量	角色内行为有效性		角色外行为有效性	
	模型 1	模型 2	模型 3	模型 4
常数	0.841***	0.653***	0.672***	0.468*
性别	0.086	0.091	0.139	0.153**
年龄	−0.044	−0.06	−0.057	−0.080**
教育水平	−0.059	−0.046	−0.051	−0.038
职位	0.076	0.133**	0.065	0.131**
收入	−0.136***	−0.099**	−0.077*	−0.037

变量	角色内行为有效性		角色外行为有效性	
	模型1	模型2	模型3	模型4
工作年限	-0.044	-0.059	-0.048	-0.063^{*}
工作 – 家庭强度的组织供给(S)	-0.037	0.003	-0.011	0.035
工作 – 家庭强度的员工偏好(P)	-0.318^{***}	-0.266^{***}	-0.310^{***}	-0.251^{***}
S^2	-0.136^{***}	-0.099^{**}	-0.113^{***}	-0.072^{*}
$S \times P$	0.200^{***}	0.141^{**}	0.213^{***}	0.141^{**}
P^2	-0.089^{*}	-0.053	-0.095^{*}	-0.057
边界跨越能力(BSA)		-0.136^{***}		-0.182^{***}
$S \times BSA$		-0.033		-0.049^{*}
$P \times BSA$		0.110^{*}		0.073
$S^2 \times BSA$		-0.017		-0.001
$S \times P \times BSA$		-0.046		-0.038
$P^2 \times BSA$		-0.041		-0.058
R^2	0.197	0.289	0.169	0.297
$\triangle R^2$	0.197	0.093	0.169	0.128
$\triangle F$	20.488^{***}	12.336^{***}	18.710^{***}	17.339^{***}

注: *** 表示 $P < 0.001$; ** 表示 $P < 0.01$; * 表示 $P < 0.05$。

表6-7　边界一致性与中介变量之间关系中调节效应的检验

变量	组织认同		组织自尊	
	模型1	模型2	模型3	模型4
常数	0.531*	0.222	-1.938***	-2.190***
性别	0.045	0.088	0.003	0.052
年龄	0.092	0.05	0.01	-0.041
教育水平	-0.083	-0.052	-0.184**	-0.165*
职位	-0.041	0.079	-0.05	0.055
收入	-0.057	-0.002	-0.157***	-0.100**
工作年限	-0.075	-0.088*	-0.068	-0.079*
工作－家庭强度的组织供给(S)	0.059	0.116**	0.091**	0.152***
工作－家庭强度的员工偏好(P)	-0.158*	-0.128	-0.104	-0.066
S^2	-0.131**	-0.057	-0.175***	-0.120***
$S \times P$	0.265***	0.120*	0.287***	0.175**
P^2	-0.011	-0.010	0.013	0.008
边界跨越能力(BSA)		-0.171**		-0.275***
$S \times BSA$		-0.098**		-0.119***
$P \times BSA$		-0.029		-0.071
$S^2 \times BSA$		-0.092**		-0.004
$S \times P \times BSA$		-0.014		-0.045
$P^2 \times BSA$		-0.084		-0.077
R^2	0.102	0.279	0.195	0.379
$\triangle R^2$	0.102	0.177	0.195	0.184
$\triangle F$	5.942***	23.282***	12.646***	28.082***

注：*** 表示 $P < 0.001$；** 表示 $P < 0.01$；* 表示 $P < 0.05$。

6.3.1　边界跨越能力对边界强度一致性与角色内行为有效性的调节

　　从表6-6可以看出，当在边界强度一致性与角色内行为有效性关系回归的基础上（模型1）加入边界跨越能力（BSA）、$S \times BSA$、$P \times$

BSA、$S^2 \times BSA$、$S \times P \times BSA$、$P^2 \times BSA$ 以后(模型 2),其 R^2 增加了 0.093($P < 0.001$),说明边界跨越能力对边界强度一致性与角色内行为的关系中起到一定的调节作用,假设 5a 得到验证。

为了进一步明确这一调节效应的大小,本书采用 Edwards 等 (2009)提到的打包变量的方法,根据表 6-6 中模型 1 中的 5 个多项式项目($S,P,S^2,S \times P$ 和 P^2)对角色内行为有效性的回归系数,将 $S,P,S^2,S \times P$ 和 P^2 打包成一个变量以检验边界跨越能力的调节效应,结果见表 6-8。打包变量对角色内行为有效性的回归系数为 0.363($P < 0.001$),当加入边界跨越能力,及边界跨越能力和打包变量的交互项后,其 R^2 显著增加,并且交互项的回归系数为 0.111 ($P < 0.05$),说明边界跨越能力正向调节工作 – 家庭边界一致性与角色内行为有效性的关系,如图 6-7 所示:在工作 – 家庭边界一致性保持不变的前提下,拥有较高边界跨越能力的员工能够比拥有较低边界跨越能力的员工产生更有效的角色内行为。

表 6-8　边界跨越能力在边界强度一致性与角色内行为有效性中的调节效应

变量	角色内行为有效性	角色内行为有效性
打包变量	0.363 ***	0.288 ***
边界跨越能力		0.353 ***
打包变量 × 边界跨越能力		0.111 *
R^2	0.132	0.207
$\triangle R^2$	0.132	0.075
$\triangle F$	88.660 ***	27.744 ***

注:*** 表示 $P < 0.001$;** 表示 $P < 0.01$;* 表示 $P < 0.05$。

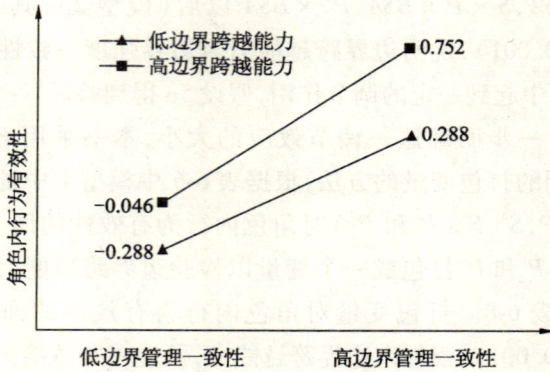

图 6-7　边界跨越能力在边界管理一致性与角色内行为有效性的关系

6.3.2　边界跨越能力对边界强度一致性与角色外行为有效性的调节

从边界跨越能力的多项式回归分析结果表 6-6 中的模型 3 和模型 4 可以看出，当在边界强度一致性与角色外行为有效性关系回归的基础上加入边界跨越能力（BSA）、$S \times BSA$、$P \times BSA$、$S^2 \times BSA$、$S \times P \times BSA$、$P^2 \times BSA$ 以后，其 R^2 增加了 0.128（$P < 0.001$），说明边界跨越能力在边界强度一致性与角色外行为有效性的关系中起到一定的调节作用，假设 5b 得到验证。

利用 Edwards 等（2009）的打包方式进行的调节效应检验发现（见表 6-9），打包变量对角色外行为有效性的回归系数为 0.366（$P < 0.001$），当加入边界跨越能力及边界跨越能力和打包变量的交互项后，其 R^2 显著增加，并且交互项的回归系数为 0.125（$P < 0.01$），说明边界跨越能力正向调节工作－家庭边界一致性与角色外行为有效性的关系，如图 6-8 所示：在工作－家庭边界一致性保持不变的前提下，拥有较高边界跨越能力的员工能够比拥有较低边界跨越能力的员工产生更有效的角色外行为。

表 6-9 边界跨越能力在边界强度一致性与角色外行为有效性中的调节效应

变量	角色外行为有效性	角色外行为有效性
打包变量	0. 366 ***	0. 286 ***
边界跨越能力		0. 388 ***
打包变量 × 边界跨越能力		0. 125 **
R^2	0. 134	0. 233
$\triangle R^2$	0. 134	0. 103
$\triangle F$	90. 379 ***	39. 224 ***

注：*** 表示 $P < 0.001$；** 表示 $P < 0.01$；* 表示 $P < 0.05$。

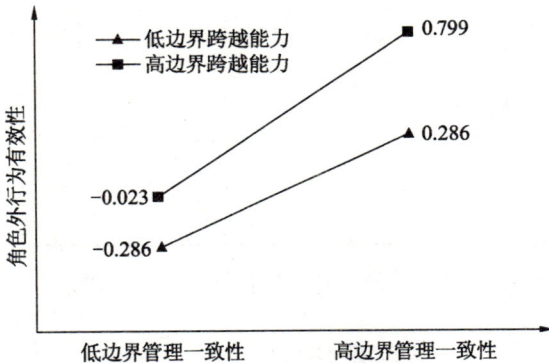

图 6-8 边界跨越能力在边界管理一致性与角色外行为有效性中的调节

6.3.3 边界跨越能力对边界强度一致性与组织认同的调节

从表 6-7 中的模型 1 和模型 2 可以看出，当在边界强度一致性与组织认同回归的基础上加入边界跨越能力（BSA）、$S \times BSA$、$P \times BSA$、$S^2 \times BSA$、$S \times P \times BSA$、$P^2 \times BSA$ 以后，其 R^2 增加了 0. 177（$P < 0.001$），说明边界跨越能力在边界强度一致性与组织认同的关系中起到一定的调节作用，假设 6a 得到验证。

为了进一步明确这一调节效应的大小,同样采用打包的方式进行检验,见表 6-10,打包变量对组织认同的回归系数为 0.095($P <$ 0.05)。当加入边界跨越能力,以及边界跨越能力和打包变量的交互项后,其 R^2 显著增加,并且交互项的回归系数为 0.137($P <$ 0.01),说明边界跨越能力正向调节工作－家庭边界一致性与组织认同之间的关系,如图 6-9 所示:在工作－家庭边界一致性保持不变的前提下,拥有较高边界跨越能力的员工能够比拥有较低边界跨越能力的员工产生更高的组织认同。

表 6-10　边界跨越能力在边界强度一致性与组织认同关系中的调节效应

变量	组织认同	组织认同
打包变量	0.095 *	0.099 *
边界跨越能力		0.481 ***
打包变量×边界跨越能力		0.137 **
R^2	0.009	0.209
$\triangle R^2$	0.009	0.200
$\triangle F$	5.371 *	73.631 ***

注:*** 表示 $P < 0.001$;** 表示 $P < 0.01$;* 表示 $P < 0.05$。

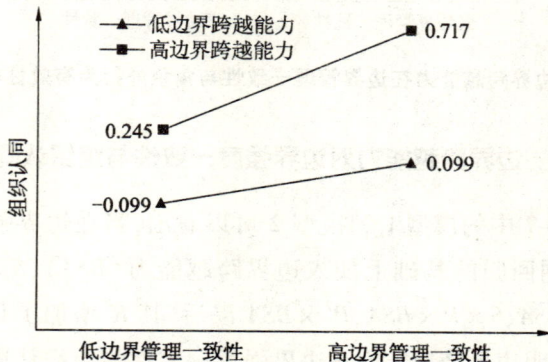

图 6-9　边界跨越能力在边界管理一致性与组织认同关系中的调节

6.3.4 边界跨越能力对边界强度一致性与组织自尊的调节

在组织自尊的调节效应检验中,同样采用多项式回归的方式和打包的方式,前者主要检验是否存在调节效应,后者主要目的在于明确这一调节效应的方向和大小。由表 6-7 中的模型 3 和模型 4 可见,当在边界强度一致性与组织自尊关系回归的基础上加入边界跨越能力(BSA)、$S \times BSA$、$P \times BSA$、$S^2 \times BSA$、$S \times P \times BSA$、$P^2 \times BSA$ 以后,其 R^2 增加了 0.184($P < 0.001$),说明边界跨越能力在边界强度一致性与组织自尊的关系中起到一定的调节作用,假设 6b 得到验证。

利用打包的方式(见表 6-11)发现,打包变量对组织自尊的回归系数为 0.345($P < 0.001$),当加入边界跨越能力及边界跨越能力和打包变量的交互项后,其 R^2 显著增加,并且交互项的回归系数为 0.144($P < 0.01$),说明边界跨越能力正向调节工作 - 家庭边界一致性与组织自尊之间的关系,如图 6-10 所示:在工作 - 家庭边界一致性保持不变的前提下,拥有较高边界跨越能力的员工能够比拥有较低边界跨越能力的员工感知到更高的组织自尊。

表 6-11　边界跨越能力在边界强度一致性与组织自尊关系中的调节效应

变量	组织自尊	组织自尊
打包变量	0.345 ***	0.280 ***
边界跨越能力		0.501 ***
打包变量 × 边界跨越能力		0.144 **
R^2	0.119	0.301
$\triangle R^2$	0.119	0.182
$\triangle F$	78.807 ***	75.818 ***

注: *** 表示 $P < 0.001$; ** 表示 $P < 0.01$; * 表示 $P < 0.05$。

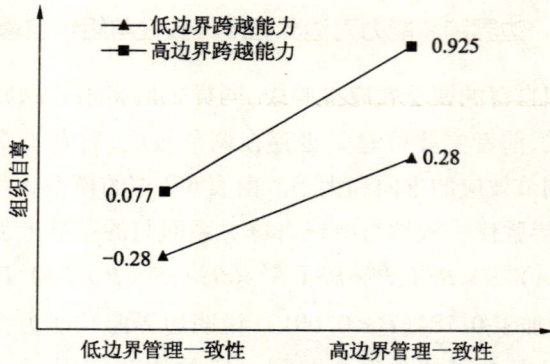

图 6-10　边界跨越能力在边界管理一致性与组织自尊关系中的调节

综上所述,从整个检验的情况来看,所有的假设均得到了验证,见表 6-12。

表 6-12　假设检验结果汇总

序号	假设内容	性质	结果
假设 1a	在工作 – 家庭边界强度的组织供给由小到大逐渐接近员工偏好的过程中,员工的角色内行为的有效性逐渐增加,当组织供给超越了员工的偏好并逐渐增加时,员工角色内行为的有效性又开始降低	开拓性	支持
假设 1b	在工作 – 家庭边界强度的组织供给由小到大逐渐接近员工偏好的过程中,员工的角色外行为的有效性逐渐增加,当组织供给超越了员工的偏好并逐渐增加时,员工的角色外行为的有效性又开始降低	开拓性	支持
假设 2a	在完全匹配的情况下,相较于工作 – 家庭边界强度较高的组织供给与员工偏好的匹配,工作 – 家庭边界强度较弱的组织供给与员工偏好的匹配更能促进角色内行为的有效性	开拓性	支持
假设 2b	在完全匹配的情况下,相较于工作 – 家庭边界强度较高的组织供给与员工偏好的匹配,工作 – 家庭边界强度较弱的组织供给与员工偏好的匹配更能促进角色外行为的有效性	开拓性	支持

序号	假设内容	性质	结果
假设 3a	组织认同在边界强度的一致性与员工角色内行为有效性关系中起着中介作用	开拓性	支持
假设 3b	组织认同在边界强度的一致性与员工的角色外行为有效性关系中起着中介作用	开拓性	支持
假设 4a	组织自尊在边界强度的一致性与员工角色内行为有效性关系中起着中介作用	开拓性	支持
假设 4b	组织自尊在边界强度的一致性与员工角色外行为有效性关系中起着中介作用	开拓性	支持
假设 5a	边界跨越能力在边界强度的一致性与员工角色内行为有效性关系中起到调节作用,也就是说,员工边界跨越能力越大,边界强度的一致性对员工角色内行为有效性的影响较强;员工边界跨越能力越小,边界强度的一致性对员工角色内行为有效性的影响越弱	开拓性	支持
假设 5b	边界跨越能力在边界强度的一致性与员工角色外行为有效性关系中起到调节作用,也就是说,员工边界跨越能力越大,边界强度的一致性对员工角色外行为有效性的影响较强;员工工作-家庭边界跨域能力越小,边界强度的一致性对员工角色外行为有效性的影响越弱	开拓性	支持
假设 6a	边界跨越能力在边界强度一致性与员工的组织认同关系中起着调节作用,即边界跨越能力越高,边界强度一致性与员工的组织认同关系越强,员工边界跨越能力越低,边界强度的一致性对员工组织身份的影响较弱	开拓性	支持
假设 6b	边界跨越能力在边界强度一致性与员工的组织自尊关系中起着调节作用,即边界跨越能力越高,边界强度一致性与员工的组织自尊关系越强,员工边界跨越能力越小,边界强度的一致性对员工组织自尊的影响较弱	开拓性	支持

7 总结与展望

随着工作与家庭需要的不断增加及信息交流工具的快速发展，人们需要一个合理的工作－家庭边界策略来满足降低工作－家庭冲突的需要，对于企业而言，实施这一策略的动机则是这一策略能否激发员工行为的有效性，从而给组织带来更多的收益。正是基于这样的背景，本书从组织与个体互动的视角来考察边界强度的一致性对员工行为有效性的影响，并试图找寻其中的影响机制。随后基于问卷调研的结果对推导的假设进行了验证，本章的目的就是对这些实证结果进行分析讨论，由此提出相应的政策建议，并针对其局限性对未来的研究进行了展望。

7.1 研究结论

随着工作－家庭冲突的加剧，越来越多的学者认为合理的工作－家庭边界策略是解决这一问题的有效途径（Bulger 等，2007；Hayman 等，2009；Kossek 等，2011；Kossek 等，2012），他们探索了不同类型的工作－家庭边界的具体策略，例如，远程工作、弹性工作制等的具体影响效应，尤其是与关系到组织利益的员工行为有效性之间的关系更是研究中重要一块，然而并没有形成一致而明确的结论（Golden 等，2008；Ngo 等，2009；Kattenbach 等，2010；Menezes 等，2011；Bloom 等，2015）。首先基于个体－环境匹配理论，本书认为，以往研究关于工作－家庭边界策略与员工行为有效性之间关系结论不一致的原因可能是忽略了工作－家庭边界强度与员工偏好的差异性。具体而言,在工作－家庭边界强度的组织供给由低到高的过程中,员工的行为有效性逐渐增加,并随着组织供给与员工偏好相一致时达到最高,而随着组织供给的进一步提高,员工的行为有效性又开始逐渐降低,这与传统的个体－环境匹配理论关于匹配比不匹配更容易产生有利结果的结论相一致。然而本书的另外一个发现,即在完全匹配的情况下,较低水平的匹配(较弱的工作－家庭边界的组织供给与员工偏好)比较高水平的匹配对员工行为有效性的积极影响更高,这一结论超出了传统匹配理论的解释范畴。造成这一结果可能有两方面原因:一方面,较弱的工作－家庭边界赋予了员工在工作与家庭角色之间转换的更多自主权,能够实时有效地解决一些随时发生的家庭需要,基于互惠原则,员工会因此而回报给组织更多的积极行为;另一方面,受到经济和晋升压力及中国传统儒家文化"先大家、后小家"等的影响,中国员工倾向于将更多的时间和精力投入到工作中(林忠等,2013;马红宇等,2014b),因此,当工作－家庭的边界较弱时,工作对家庭的渗透往往比家庭对工作的渗透要多(韦慧民等,2015;刘永强,2006),会增加员工的行为有效性。其次,基于"环境与个体的互动－自我概念－行为倾向"框架发现,员工的组织认同和组织自尊在边界强度一致性与员工行为有效性之间的关系中起着一定的中介作用。此外,根据 Clark 等的"边界跨越者"观点还提出,员工的边界跨越能力是边界强度一致性与其影响结果之间关系的边界条件(Clark,2000)。

7.2　理论意义

首先,基于个体－环境匹配理论,明确了以往关于工作－家庭边界强度与员工行为有效性之间关系不一致的原因,拓展了工作－家庭边界的理论研究。之前有研究指出,较弱的工作－家庭边界策略可能促进员工的行为有效性(Ngo 等,2009;Bloom 等,2015),但也可能不利于员工行为有效性的提升（Golden 等，2008；Kattenbach 等，2010），这种认知的不一致显然不利于理论的系统性发展。Menezes 等和韦慧民等曾发现这一问题并提出未来的研究需要就工作－家庭边界强度影响效应不一致的原因进行探索（Menezes 等，2011；韦慧民等，2015）。本书正是基于这一目的进行了相关研究并提出了导致以往结论不一致的原因，以及明确了工作－家庭边界强度与员工行为有效性之间的关系，这是对现有工作－家庭边界理论的有益补充和拓展。

其次，在分析工作－家庭边界强度的组织供给与员工偏好的匹配效应时，还发现了一个有趣的结论，即不同水平的匹配会产生不同的结果，这不仅是对匹配理论的有益补充，同时也再次拓展了工作－家庭边界的理论研究。传统的匹配研究往往止步于得出两个变量的完全匹配比不匹配时产生的结果更好的结论（Edwards 等，2009）。然而本书发现即使在完全匹配的情况下，不同水平的匹配产生的影响也会有所不同。具体而言，较低水平的组织供给与员工偏好的匹配所能促进的员工有效的行为高于较高水平匹配下的员工的行为有效性。这一结论为未来的匹配性研究提供了一个新的视角，并且对于现有工作－家庭边界问题的研究也是一个有益的拓展。

再次，本书基于"环境与个体的互动－自我概念－行为倾向"框架，发现了组织认同和组织自尊在边界强度一致性与员工行为有效性之间关系的中介作用，补充了二者之间关系的中介机制。工作－家庭边界策略一直以来主要是以解决员工的工作－家庭冲突为目的的（Hecht 等，2009），因此学者们在阐释其对员工行为有效性的影响机制时，大多将角色冲突作为其中介机制（Moen 等，2008），然而正如Vinchur 等所提到的，员工的行为有效性往往依赖于其内心对待包含工作、领导、政策等组织特征的态度，而非作为工作－家庭边界较为直接结果的角色冲突（Vinchur 等，1998）。因此本书将员工的组织认同和组织自尊作为工作－家庭边界影响员工行为有效性的中介，并且将角色冲突等作为解释工作－家庭边界与员工组织认同之间关系的依据,这样能够更为清晰地展现出工作－家庭边界对员工行为有效性影响的中间机制,并且对于未来匹配变量影响的中介机制研究提供了较好的借鉴作用。

最后,本书还发现边界跨越能力是影响边界强度一致性与其结果之间关系的一个边界条件,较高的边界跨越能力有助于增强边界强度一致性的积极影响。林忠等认为在当前工作－家庭相关问题的研究中,倾向于将个人性格、情绪状态、能力等个体特质理解为工作－家庭冲突等的前因变量,但他认为如果将个体特征作为调节可能更加合适(林忠等,2013),因此本书将边界跨越能力作为边界强度一致性影响效应的调节因素不仅呼应了林忠等的观点,而且也呼应了 Matthews 等未来需要进一步丰富边界跨越能力研究的呼吁,以及 Hecht 等提出未来研究应进一步补充工作－家庭边界强度影响的条件机制的希望(Matthews 等,2010;Hecht 等,2009)。

7.3　管理建议

本书得出的结论除了具有一定的理论意义以外,对企业的管理实践还有着一定的启示作用,即尽量实现工作－家庭边界强度的组织供给与员工偏好之间的匹配,同时在完全匹配的前提下,较弱工作－家庭边界上的匹配更有利于员工行为有效性的产生,另外通过增强员工的组织认同和组织自尊感知也有利于员工行为有效性的产生,并且还能通过提高员工的边界跨越能力来增强边界强度一致性与员工行为有效性的关系。

7.3.1　工作－家庭边界策略的实施需要考虑到员工个性化偏好的差异性

由于不同的员工对工作－家庭边界强度的偏好是不一样的,有的喜欢稍强一些的工作－家庭边界,但另外一些人可能就喜欢弱一些的工作－家庭边界,"一刀切"地强制执行某一强度的工作－家庭边界策略并不能满足所有人的偏好,也就不能发挥工作－家庭边界策略对所有员工更进一步的积极影响。因此,组织需要实行因人而异的工作－家庭边界策略,实现工作－家庭边界强度的组织供给与员工偏好的匹配。具体可以采取以下措施来达到这一目的:

(1)按需分配

实施差异化的工作－家庭边界策略。由于个体的性格、家庭、精力等不同,他们对工作－家庭边界的喜好也是存在差异的,所以,如果要实现员工行为有效性的最大化提升,就需要考虑员工自身需要什么样的工作－家庭边界。比如,对于双职工家庭来说,如果家里没有人帮其照看孩子,那么他就可能会为了能够兼顾家庭的需要而偏爱较弱的工作－家庭边界,如果此时组织实行的是强工作－家庭边界策略,他就会因为需要得不到满足而使其行为有效性的提升不利。所以,组织应该在充分了解员工偏好的基础上,针对不同类型的员工采取不同强度的工作－家庭边界策略,对于工作－家庭边界偏好较高的员工,组织可以制订一个较强的工作－家庭边界策略,而对于工作－家庭边界偏好较弱的员工,组织则采取较弱的工作－家庭边界策略,只有这样"投其所好"才能最大限度地提高所有员工的行为有效性。

(2)意义建构

实现员工与组织的一致性互动。差异化的工作安排可能并不适用于所有的组织,有的组织可能会因为成本太高而难以接受。在这种情况下,组织可以采用意义建构(sensemaking)的方式来重新建构和加强员工的工作－家庭边界偏好认知(sandberg 等,2015)。一方面,组织在招聘时,尽量录用与其工作－家庭边界策略相同偏好的员工。但又因为工作－家庭边界偏好可能会随着员工的生命周期不同而发生变化,结婚与否、有无孩子等可能都是影响其偏好的重要因素(林彦梅等,2014),所以,新员工引入以后,还需要组织不断地进行意义赋予方面的培训、谈心等。同时也需要员工进一步地通过反应解释(interpreting)和认知叙述(self – identity narrative)来加强这一认知,以保持其偏好的不变。另一方面,对于在职员工来说,为了使其工作 – 家庭边界偏好与组织的工作 – 家庭边界策略相匹配,也可以采取与上述一样的手段来帮其重新建构符合要求的工作 – 家庭边界偏好。如图 6-12 所示,组织需要首先祛除员工原有的与组织期望不一致的工作 – 家庭边界偏好认知,然后再通过培训、谈心等赋予员工应该形成的偏好认知。与此同时,面对组织的意义祛除(sensebreaking)和意义赋予(sensegiving),员工需要反思自己的工作 – 家庭边界偏好认知是什么样的,为什么自己对于工作 – 家庭边界偏好的认知与组织的不一致,如图 7-1 所示。为了解释这种不一致,员工往往会通过认知叙事,也就是寄希望于以往的经历和经验来解释这种不确定性的认知,并形成新的认知,如果新的认知中仍然有一部分与组织预期的不一样,那么就继续通过意义祛除、意义赋予、反思解释和认知叙事的循环方式进行修正。已经一致的偏好认知也可以不断地通过这一过程得到加强。

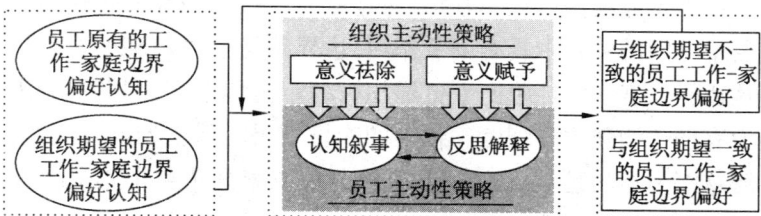

图 7-1　员工工作 – 家庭边界偏好一致性的互动模型

7.3.2　增强员工组织认同和组织自尊的感知

此外,组织还可以通过提高员工的组织认同来实现促进员工行为有效性的目的。在本书的研究中发现,员工的组织认同和组织自尊在边界强度一致性与员工的行为有效性之间的关系中起着一定的中介作用,这启示管理者在考虑边界强度一致性的基础上,可以考虑通过其他不同的措施,比如提高领导成员关系和参与感等来促进员工在组织内的自尊感知和身份感知(孙敏,2011),进而达到促进其行为有效性的目的。由于组织认同和组织自尊都是外部信息在员工内在的一种体现,而外部信息主要来自于与他人的沟通及组织制度、文化等价值观念,因此可以通过提高成员关系和培训来达到提升员工组织认同和组织自尊感知的目的。

具体而言,一方面,组织可以营造一种开放性的沟通环境,让员工充分参与到公司的各项决策,吸纳员工的积极性建议。这种方式不仅可以增加员工对管理层的信任,也是对员工的一种精神激励,能够提高他们对自我价值和影响力的感知及对组织的认同。另一方面,组织应该通过定期培训、学习等让员工确信他们为组织工作是有意义和价值的,增强他们对自我价值的认知和对组织价值观念的认同。

7.3.3　培养员工边界跨越的能力

根据研究结论,员工的边界跨越能力在边界强度一致性与其结果变量之间的关系中具有调节作用,边界跨越能力较高的员工更容易从边界强度一致性中产生更加积极的行为和态度,因此提升跨越能力有助于增强边界强度一致性的积极结果。但正如前文所述,边界跨越能力指的是员工在处于工作角色或家庭角色中不受另外一个角色影响的程度,这一能力与员工本身的性格特质有着重要的关系,对于外控倾向的人来说,这一能力会受到局限,而对于内控倾向的人来说,这一能力可能较高(赵秀清,2012)。因此在"江山易改,本性难移"这一普遍共识下,虽然这一能力的后天培养效果很小,但合理的观念输入、技巧的学习能在一定程度上提升这一能力。比如,对工作－家庭边界强度很弱的远程工作者而言,可以在家里单独设置一个工作间工作,通过物理空间上的隔离达到减轻受外界干扰的目的;还可以通过强调任务结果的重要性给他营造适当的压力,迫使他进入专注工作的状态。

7.4 研究局限性及未来研究方向

尽管本研究发现了一些有价值的结论,但也存在一些局限性和值得未来发展的方向。

7.4.1 研究局限性

第一,因为员工组织认同、组织自尊、行为有效性等的状态并不是稳定不变的,所以应该考虑纵向研究,这样才能进行相对比较准确的因果归因及进一步减少同源误差,但本研究采用的横截面设计显然对这一点的考虑不够充分。

第二,在同源方差的控制方面,尽管本研究参照 Chang 等的方法在研究前(比如,跨时点设计、不同的 Likert 评分制、逻辑互斥等)及研究后(变量中心化)进行了一定的控制(Chang 等,2010),并且事后证实同源方差问题并不严重,但因为所有数据均来自于同一被试,所以还是存在一定的同源方差问题,较好的方式是采取自我报告、主管评价、同事评价等相结合来获取数据,本研究在这一方面研究有所欠缺。

第三,研究对象的范围仅限于有限地区的有限企业,取样的局限性可能导致研究的结论代表性不足。

第四,在研究工作-家庭边界时,员工结婚与否、有无孩子、是否双职工、有没有人帮忙照顾孩子等可能也会对结果产生一定的影响,因此最好能够对这些变量进行控制以避免干扰工作-家庭边界对员工行为有效性的影响。

7.4.2 未来研究方向

第一,在工作－家庭边界强度的组织供给、员工偏好与员工的角色行为有效性的三维关系中,除了在完全匹配时,不同水平的匹配效应之间存在差异性以外,还有可能在不匹配的情况下,员工的行为有效性在组织供给大于其偏好时与组织供给小于其偏好时的影响结果有差异,这需要未来进一步证实。

第二,韦慧民等曾指出,工作－家庭边界具有渗透性和不对称性的特征,因此在具体的研究中应该将工作－家庭边界细分为工作边界和家庭边界(韦慧民等,2013)。本书参照 Kreiner 的方式将二者作为一个整体(Kreiner,2006),没有进一步区分工作边界和家庭边界影响效应的差异性,未来研究可以进一步探讨工作边界强度和家庭边界强度分别在供给与需要上匹配的影响效应。

第三,目前在工作－家庭边界的相关研究中,大多数研究都是从角色理论、社会交换理论来解释工作－家庭边界的影响机制,本研究虽然提出了“自我概念”这一较新的视角,但仅从这一视角研究了工作－家庭边界强度一致性对员工角色行为有效性的影响,未来可以进一步从这一角度探索工作－家庭边界强度一致性对员工工作态度等相关心理结果变量的影响。

参考文献

［1］ Aghaz A, Hashemi A. Investigating the impact of personality traits on expanded model of organizational identification［J］. International Journal of Business and Management, 2014,9(3): 148 – 156.

［2］ Albert S,Whetten D A. Organizational identity［J］. Research in Organizational Behavior,1985,7: 263 – 295.

［3］ Albertsen K,Persson R,Garde A H,et al. Psychosocial determinants of work – to – family conflict among knowledge workers with boundaryless work［J］. Applied Psychology: Health and Well – Being,2010,2(2): 160 – 181.

［4］ Allen N J,Meyer J P. The measurement and antecedents of affective,continuance and normative commitment to the organization［J］. Journal of Occupational Psychology,1990,63(1): 1 – 18.

［5］ Almer E D,Kaplan S E. The effects of flexible work arrangements on stressors,burnout,and behavioral job outcomes in public accounting［J］. Behavioral Research in Accounting,2002,14 (1): 1 – 34.

［6］ Amabile T M,Conti R,Coon H,et al. Assessing the work environment for creativity［J］. Academy of Management Journal, 1996,39(5): 1154 – 1184.

［7］ Anderson S M,Ross L. Self – knowledge and social inference: I. The impact of cognitive/affective and behavioral data［J］. Journal of Personality and Social Psychology,1984,46(2): 280 –

293.

[8]　Aryee S , Budhwar P S , Chen Z X. Trust as a mediator of the re-
lationship between organizational justice and work outcomes：
Test of a social exchange model[J]. Journal of Organizational
Behavior , 2002 , 23（3）：267 – 285.

[9]　Ashforth B E , Kreiner G E , Fugate M. All in a day's work：
boundaries and micro role transitions[J]. Academy of Manage-
ment Review , 2000 , 25（3）：472 – 491.

[10]　Ashforth B E , Mael F A. Social identity theory and the organiza-
tion[J]. Academy of Management Review , 1989 , 14（1）：20 – 39.

[11]　Avolio B , Walumbwa F , Weber T J. Leadership：Current theo-
ries , research , and future directions[J]. Annual Review of Psy-
chology , 2009 , 60：421 – 449.

[12]　Bateman T S , Organ D W. Job satisfaction and the good soldier：
The relationship between affect and employee "citizenship". A-
cademy of Management Journal , 1983 , 26（4）：587 – 595.

[13]　Blau P M. Exchange and powerin sociallife[M]. New York：
John Wiley , 1964.

[14]　Bloom N , Liang J , Roberts J , et al. Does working from home
work? Evidence from a Chinese experiment[J]. Quarterly Jour-
nal of Economics , 2015 , 130（1）：165 – 218.

[15]　Bowling N A , Eschleman K J , Wang Q , et al. A meta – analysis
of the predictors and consequences of organization – based self –
esteem ［ J ］. Journal of Occupational and Organizational Psy-
chology , 2010 , 83（3）：601 – 626.

[16]　Brief P , Motowidlo S J. Prosocial organizational behaviors[J]. A-
cademy of Management Review , 1986 , 11（4）：710 – 725.

[17]　Bulger C A , Matthews R A , Hoffman M E. Work and personal

life boundary management: boundary strength, work/personal life balance, and the segmentation – integration continuum[J]. Journal of Occupational Health Psychology,2007,12(4):365 –375.

[18] Bullis C,Tompkins P K. The forest ranger revisited: A study of control practices and identification[J]. Communication Monographs,1989,56(4): 287 –306

[19] Burns R B. Self – concept development and education[M]. London:Cassell,1982.

[20] Campbell D T,Fiske D W. Convergent and discriminant validation by the multitrait – multimethod matrix[J]. Psychological Bulletin,1959,56(2): 81 –105.

[21] Caroline A B,Wrzesniewski A,Wiesenfeld B M. Knowing where you stand: Physical isolation, perceived respect, and organizational identification among virtual employees[J]. Organization Science,2012,23(3): 743 –757.

[22] Chan S H,Huang X,Snape E,et al. The Janus face of paternalistic leaders: Authoritarianism, benevolence, subordinates' organization – based self – esteem, and performance[J]. Journal of Organizational Behavior,2013,34(1): 108 –128.

[23] Chen S H,Yu H Y,Hsu H Y,et al. Lourn J H. Organisational support, organisational identification and organisational citizenship behaviour among male nurses[J]. Journal of Nursing Management,2013,21(8): 1072 –1082.

[24] Chen Z X,Aryee S. Delegation and employee work outcomes: An examination of the cultural context of mediating processes in China[J]. Academy of Management Journal,2007,50(1): 226 – 238.

[25] Cheney G. The rhetoric of identification and the study of organi-

zational communication [J]. Quarterly Journal of Speech,1983, 69(2):143－158.

[26] Cheung G W. Introducing the latent congruence model for improving the assessment of similarity,agreement,and fit in organizational research[J]. Organizational Research Methods,2009, 12(1):6－33.

[27] Clark S H. Work/family border theory:A new theory of work/ family balance[J]. Human Relations,2000,53(6):747－770.

[28] Cohen A. Antecedents of organizational commitment across occupational groups:A meta－analysis [J]. Journal of Organizational Behavior,1992,13(6):539－558.

[29] Cooper D,Sherry M B. Identification in organizations:The role of self－concept orientations and identification motives[J]. Academy of Management Review,2010,35(4):516－538.

[30] Coyle－Shapiro,Jacqueline A M,Conway N. Exchange relationships:Examining psychological contracts and perceived organizational support[J]. Journal of Applied Psychology,2005,90 (4):774－781.

[31] Cremer D D,Van Knippenberg B,Van Knippenberg D,et al. Rewarding leadership and fair procedures as determinants of self－ esteem [J].Journal of Applied Psychology,2005,90(1):3－12.

[32] Cropanzano R,Mitchell M S. Social exchange theory:An interdisciplinary review[J]. Journal of Management,2005,31(6): 874－900.

[33] Dick R,Wagner U,Stellmacher J,et al. The utility of a broader conceptualization of organizational identification:Which aspects really matter? [J]. Journal of Occupational and Organizational Psychology,2004,77(2):171－191.

[34] Dick R, Grojean M W, Christ O, et al. Identity and the extra mile: Relationships between organizational identification and organizational citizenship behaviour[J]. British Journal of Management, 2006, 17(4): 283 – 301.

[35] Dick R, Haslam S A. The social cure: identity, health, and well – being [M]. London and New York, NY: Psychology Press, 2012.

[36] Dukerich J M, Golden B R, Shortell S M. Beauty is in the eye of the beholder: The impact of organizational identification, identity, and image on the cooperative behaviors of physicians[J]. Administrative Science Quarterly, 2002, 47(3): 507 – 533.

[37] Edwards J R, Cable D M. The value of value congruence[J]. Journal of Applied Psychology, 2009, 94(3): 654 – 677.

[38] Edwards J R, Rothbard N P. Mechanisms linking work and family: Clarifying the relationship between work and family constructs [J]. Academy of Management Review, 2000, 25(1): 178 – 198.

[39] Edwards J R, Rothbard N P. Work and family stress and well – being: An examination of person – environment fit in the work and family domains[J]. Organizational Behavior and Human Decision Processes, 1999, 77(2): 85 – 129.

[40] Eisenberger R, Huntington R, Hutchison S, et al. Perceived organizational support[J]. Journal of Applied Psychology, 1986, 71(3): 500 – 507

[41] Elsbach K D. An expanded model of organizational identification [J]. Research in Organizational Behavior, 1999, 21: 163 – 200.

[42] Emerson R M. Social exchange theory[J]. Annual Review of Sociology, 1976, 2: 335 – 362.

[43] Epitropaki O, Martin R. The moderating role of individual differ-

ences in the relation between transformational/transactional leadership perceptions and organizational identification [J]. The Leadership Quarterly, 2005, 16 (4) : 569 – 589.

[44] Epitropaki O. A multi – level investigation of psychological contract breach and organizational identification through the lens of perceived organizational membership : Testing a moderated – mediated model [J]. Journal of Organizational Behavior, 2013, 34 (1) : 65 – 86.

[45] Ferguson M, Carlson D, Kacmar K M. Flexing work boundaries : The spillover and crossover of workplace support [J]. Personnel Psychology, 2015, 68 (3) : 581 – 614.

[46] Ferris D L, Brown D J, Heller D. Organizational supports and organizational deviance : The mediating role of organization – based self – esteem [J]. Organizational Behavior and Human Decision Processes, 2009, 108 (2) : 279 – 286.

[47] Fritz C, Yankelevich M, Zarubin A, et al. Happy, healthy, and productive : The role of detachment from work during nonwork time [J]. Journal of Applied Psychology, 2010, 95 (5) : 977 – 983.

[48] Gardner D G, Dyne L, Pierce J L. The effects of pay level on organization – based self – esteem and performance : a field study [J]. Journal of Occupational and Organizational Psychology, 2004, 77 (3) : 307 – 322.

[49] Gardner D G, Huang G H, Niu X, et al. Organization – based self – esteem, psychological contract fulfillment, and perceived employment opportunities : a test of self – regulatory theory [J]. Human Resource Management, 2015, 54 (6) : 933 – 953.

[50] Gardner D G, Pierce J L. Self – esteem and self – efficacy within the organizational context an empirical examination [J]. Group

& Organization Management, 1998, 23(1): 48 – 70.

[51] Gecas V. The Self – concept[J]. Annual Review of Sociology. 1982, 8(1): 1 – 33.

[52] Ghosh R, Reio T G, Haynes R K. Mentoring and organizational citizenship behavior: Estimating the mediating effects of organization-based self-esteem and affective commitment[J]. Human Resource Development Quarterly, 2012, 23(1): 41 – 63.

[53] Gould S. An equity-exchange model of organizational involvement [J]. Academy of Management Review, 1979, 4(1): 53 – 62.

[54] Gouldner A W. The norm of reciprocity: A preliminary statement [J]. American Sociological Review, 1960, 25(2): 161 – 178.

[55] Hall D T, Riehier J. Balancing work life and home life: what can organizations do to help? [J]. Academy of Management Executive, 1988, 2(3): 213 – 223.

[56] Hammer L B, Neal M B, Newsom J T, et al. A longitudinal study of the effects of dual – earner couples' utilization of family – friendly workplace supports on work and family outcomes[J]. Journal of Applied Psychology, 2005, 90(4): 799.

[57] Hayes A F, Preacher K J. Quantifying and testing indirect effects in simple mediation models when the constituent paths are nonlinear [J]. Multivariate Behavioral Research, 2010, 45(4): 627 – 660.

[58] Haynes S N, Richard D, Kubany E S. Content validity in psychological assessment: A functional approach to concepts and methods[J]. Psychological Assessment, 1995, 7(3): 238.

[59] Hecht T D, Allen N J. A longitudinal examination of the work nonwork boundary strength construct[J]. Journal of Organizational Behavior, 2009, 30(7): 839 – 862.

[60] Heise D R. Employing nominal variables, induced variables, and

block variables in path analysis[J]. Sociological Methods & Research,1972,1(2):147 – 173.

[61] Hogg M A,Terry D J. Social identity and self – categorization processes in organizational contexts[J]. Academy of Management Review,2000,25(1): 121 – 140.

[62] Homans G C. Social behavior: Its elementary forms[M]. New York:Harcourt Brace,1961.

[63] Homburg C,Wieseke J,Hoyer W D. Social identity and the service – profit chain[J]. Journal of Marketing,2009,73(2): 38 – 54.

[64] Hughes L W,Palmer D K. An investigation of the effects of psychological contract and organization – based self – esteem on organizational commitment in a sample of permanent and contingent workers[J]. Journal of Leadership & Organizational Studies,2007,14(2): 143 – 156.

[65] Hui C,Lee C. Moderating effects of organization – based self – esteem on organizational uncertainty: Employee response relationships[J]. Journal of Management,2000,26(2): 215 – 232.

[66] Igra A. On forming variable set composites to summarize a block recursive model [J]. Social Science Research, 1979, 8 (3): 253 – 264.

[67] Ivancevich J M,Matteson M T. Stress and work: A managerial perspective[M]. Dallas: Scott,Foresman,1980.

[68] James W. The principles of psychology[M]. New York: Dover, 1890.

[69] Jehn K A,Chadwick C,Thatcher M B T. To agree or not to agree: the effects of value congruence, individual demographic dissimilarity and conflict on workgroup outcomes[J]. Interna-

tional Journal of Conflict Management, 1997, 8(4): 287 - 305.

[70] Johnson M D, Morgeson F P, Hekman D R. Cognitive and affective identification: exploring the links between different forms of social identification and personality with work attitudes and behavior[J]. Journal of Organizational Behavior, 2012, 33 (8): 1142 - 1167.

[71] Johnson W L, Johnson A M, Heimberg F. A primary and second-order component analysis of the organizational identification questionnaire[J]. Educational and Psychological Measurement, 1999, 59(1): 159 - 170.

[72] Katrinli A, Atabay G, Gunay G, et al. Exploring the antecedents of organizational identification: The role of job dimensions, individual characteristics and job involvement[J]. Journal of Nursing Management, 2009, 17(1): 66 - 73.

[73] Kattenbach R, Demerouti E, Nachreiner F. Flexible working times: Effects on employees' exhaustion, work - nonwork conflict and job performance [J]. Career Development International, 2010, 15(3): 279 - 295.

[74] Katz D, Kahn R. The social psychology of organizations[M]. New York: John Wiley, 1978.

[75] Korman A K. Toward an hypothesis of work behavior[J]. Journal of Applied Psychology, 1970, 54, 31 - 41.

[76] Kossek E E, Pichler S, Bodner T, et al. Workplace social support and work - family conflict: A meta - analysis clarifying the influence of general and work - family - specific supervisor and organizational support[J]. Personnel Psychology, 2011, 64 (2): 289 - 313.

[77] Kreiner G E, Ashforth B E. Evidence toward an expanded model

of organizational identification[J]. Journal of Organizational Behavior,2004,25:1 –27.

[78] Kreiner G E,Hollensbe E C,Sheep M L. Balancing borders and bridges: Negotiating the work – home interface via boundary work tactics[J]. Academy of Management Journal, 2009, 52 (4): 704 –730.

[79] Kreiner G E,Hollensbe E C,Sheep M L. On the edge of identity: Boundary dynamics at the interface of individual and organizational identities[J]. Human Relations,2006,59:1315 –1341.

[80] Kreiner G E. Consequences of work –home segmentation or integration: a person –environment fit perspective[J]. Journal of Organizational Behavior,2006,27(4): 485 –507.

[81] Kristof A L,Zimmerman R D,Johnson E C. Consequences of individuals' fit at work: A meta-analysis of person-job, person-organization, person –group, and person –supervisor fit[J]. Personnel Psychology,2005,58(2): 281 –342.

[82] Kristof A L. Person –organization fit: An integrative review of its conceptualizations, measurement, and implications[J]. Personnel Psychology,1996,49(1): 1 –49.

[83] Lee J,Peccet R. Perceived organizational support and affective commitment: The mediating role of organization – based self – esteem in the context of job insecurity[J]. Journal of Organizational Behavior,2007,28:661 –685.

[84] Lee J. An analysis of the antecedents of organization-based self-esteem in two Korean banks[J]. The International Journal of Human Resource Management,2003,14(6),1046 –1066.

[85] Lipponen J,Bardi A,Haapamaki J. The interaction between values and organizational identification in predicting suggestion –

making at work[J]. Journal of Occupational and Organizational Psychology,2008,81: 241 –248.

[86] Liu W,Zhu R,Yang Y. I warn you because I like you: Voice behavior, employee identifications, and transformational leader-ship[J]. Leadership Quarterly,2010,21: 189 –202.

[87] Loi R,Chan K W,Lam L W. Leader member exchange,organi-zational identification,and job satisfaction: A social identity per-spective[J]. Journal of Occupational and Organizational Psy-chology,2014,87(1): 42 –61.

[88] Mael F,Ashforth B E. Alumni and their alma mater: A partial test of the reformulated model of organizational identification [J]. Journal of Organizational Behavior,1992,13(2):103 –123.

[89] Martin B H,MacDonnell R. Is telework effective for organiza-tions? A meta – analysis of empirical research on perceptions of telework and organizational outcomes[J]. Management Research Review,2012,35(7): 602 –616.

[90] Matthews R A,Barnes – Farrell J L. Development and initial e-valuation of an enhanced measure of boundary flexibility for the work and family domains[J]. Journal of Occupational Health Psychology,2010,15(3): 330.

[91] Matthews R A,Winkel D E,Wayne J H. A longitudinal exami-nation of role overload and work family conflict: The mediating role of interdomain transitions [J]. Journal of Organizational Behavior,2014,35(1): 72 –91.

[92] Mcallister D J,Bigley G A. Work context and the (re)definition of self: How organizational care influences organization – based self – esteem [J]. Academy of Management Journal,2002,45(5):894 –904.

[93]　McCauley D P,Kuhnert K W. A theoretical review and empirical investigation of employee trust [J]. Public Administration Quarterly,1992,16:265 –284.

[94]　McNall L A,Masuda A D,Nicklin J M. Flexible work arrangements,job satisfaction,and turnover intentions:The mediating role of work – to – family enrichment [J]. The Journal of Psychology,2009,144(1):61 –81.

[95]　Mead G H. Mind,self,and society [M]. Chicago:Univ. Chicago Press,1934.

[96]　Michael S C,Bruch H. Organizational identity strength,identification,and commitment and their relationships to turnover intention:Does organizational hierarchy matter? [J]. Journal of Organizational Behavior,2006,27:585 –605.

[97]　Moen P,Kelly E,Huang R. Fit inside the work – family black box:An ecology of the life course,cycles of control reframing [J]. Journal of Occupational and Organizational Psychology,2008,81(3):411 –433.

[98]　Mowday R T,Steers R M,Porter L W. Measurement of organizational commitment [J]. Journal of Vocational Behavior,1979,14:224 –247.

[99]　Muchinsky P M,Monahan C J. What is person – environment congruence? supplementary versus complementary models of fit [J]. Journal of Vocational Behavior. 1987,31(3):268 –277.

[100]　Ngo H,Foley S,Loi R. Family friendly work practices,organizational climate,and firm performance:A study of multinational corporations in hong kong [J]. Journal of Organizational Behavior,2009,30(5):665 –680.

[101]　Nohe C,Michel A,Sonntag K. Family – work conflict and job

performance: A diary study of boundary conditions and mechanisms[J]. Journal of Organizational Behavior,2014a,35(3): 339 – 357.

[102] Nohe C,Sonntag K. Work – family conflict,social support,and turnover intentions: a longitudinal study[J]. Journal of Vocational Behavior,2014b,85(1): 1 – 12.

[103] Nunnally J C,Bernstein I H,Berge J M F. Psychometric theory [M]. New York: McGraw – Hill,1967.

[104] OIson – Buchanan J B,Boswell W R. Blurring boundaries: Correlates of integration and segmentation between work and nonwork[J]. Journal of Vocational Behavior, 2006, 68 (3): 432 – 445.

[105] Pierce J L,Gardner D G. Relationships of personality and job characteristics with organization-based self-esteem[J]. Journal of Managerial Psychology,2009,24(5): 392 – 409.

[106] Pierce J L,Gardner D G. Self-esteem within the work and organizational context: A review of the organization-based self-esteem literature [J]. Journal of Management, 2004, 30 (5): 591 – 622.

[107] Pierce J L,Garden D G. Self – esteem within the work and organizational context: A review of the organization-based self-esteem literature[J]. Journal of Management,2004,30: 591 – 622.

[108] Pierce J L,Gardner D G,Cummings L L,et al. Organization-based self-esteem:Construct definition measurement and validation[J]. Academy of Management Journal,1989,32:622 – 648.

[109] Ragins B R,Cotton J L,Miller J S. Marginal mentoring: The effects of type of mentor, quality of relationship, and program

design on work and career attitudes[J]. Academy of Management Journal,2000,43(6): 1177 - 1194.

[110] Riketta M. Organizational identification: A meta - analysis [J]. Journal of Vocational Behavior,2005,66: 358 - 384.

[111] Rogers C R. Client - centered therapy[M]. Boston: Houghton Mifflin,1951.

[112] Rosenberg, M. Society and the adolescent self - image[M]. NJ: Princeton University Press,1965.

[113] Rothbard N P, Phillips K W, Dumas T L. Managing multiple roles: Work - family policies and individuals' desires for segmentation[J]. Organization Science,2005,16(3): 243 - 258.

[114] Sandberg J, Tsoukas H. Making sense of the sensemaking perspective: Its constituents, limitations, and opportunities for further development [J]. Journal of Organizational Behavior, 2015,36(s1): s6 - s32.

[115] Schaubroeck J M, Peng A C, Hannah S T. Developing trust with peers and leaders: Impacts on organizational identification and performance during entry[J]. Academy of Management Journal,2013,56(4): 1148 - 1168.

[116] Schein E H. The individual, the organization, and the career: A conceptual scheme[J]. Journal of Applied Behavioral Science,1971,7(4): 401 - 426.

[117] Sluss D M, Klimchak M, Holmes J J. Perceived organizational support as a mediator between relational exchange and organizational identification[J]. Journal of Vocational Behavior,2008, 73(3): 457 - 464.

[118] Smith C A, Organ D W, Near J P. Organizational citizenship behavior: Its nature and antecedents[J]. Journal of Applied

Psychology,1983,68: 653 – 663.

[119] Sturges J. All in a day's work? Career self – management and the management of the boundary between work and non – work [J]. Human Resource Management Journal, 2008, 18 (2): 118 – 134.

[120] Swann W B. The trouble with change: Self – verification and allegiance to the self[J]. Psychological Science, 1997, 8(3): 177 – 180.

[121] Tajfel H. Differentiation between social groups: Studies in the social psychology of intergroup relations [M]. London, UK: Academic Press, 1978.

[122] Tan G Y, Peng K Y. Andecedents of organization-based self-esteem: An empirical study in Singapore. International Journal of Management, 1997, 14(3), 375 – 386.

[123] Tang T L, Gilbert P R. Organization – based self – esteem among mental health workers: A replication and extension[J]. Public Personnel Management, 1994, 23(1): 127 – 134.

[124] Tsui A S, Pearce J L, Porter L W, et al. Alternative approaches to the employee – organization relationship: Does investment in employees pay off? [J]. Academy of Management Journal, 1997, 40(5): 1089 – 1121.

[125] Vigoda E. Organizational politics, job attitudes, and work outcomes: Exploration and implications for the public sector[J]. Journal of Vocational Behavior, 2000, 57(3): 326 – 347.

[126] Vinchur A J, Schippmann J S, Switzer III F S, et al. A meta – analytic review of predictors of job performance for salespeople [J]. Journal of Applied Psychology, 1998, 83(4): 586.

[127] Wallace J E. Professional and organizational commitment:

Compatible or incompatible？［J］. Journal of Vocational Behavior,1993,42：333－349.

［128］ Walumbwa F O, Avolio B J, Zhu W. How transformational leadership weaves its influence on individual job performance：The role of identification and efficacy beliefs［J］. Personnel Psychology,2008,61(4)：793－825.

［129］ Walumbwa F O, Hartnell C A. Understanding transformational leadership － employee performance links：The role of relational identification and self - efficacy［J］. Journal of Occupational and Organizational Psychology,2011b,84(1)：153－172.

［130］ Walumbwa F O, Mayer D M, Wang P, et al. Linking ethical leadership to employee performance：The roles of leader member exchange, self － efficacy, and organizational identification ［J］. Organizational Behavior and Human Decision Processes, 2011a,115(2)：204－213.

［131］ Wegge J, Dick R V, Fisher G K, et al. Work motivation, organizational identification, and well － being in call centre work［J］. Work & Stress,2006,20(1)：60－83.

［132］ Wegge J, Schuh S C, Dick R. 'I feel bad', 'We feel good'? —Emotions as a driver for personal and organizational identity and organizational identification as a resource for serving unfriendly customers［J］. Stress and Health,2012,28(2)：123－136.

［133］ Williams K J, Alliger G M. Roles stressors, mood spillover, and perceptions of work － family conflict in employed parents［J］. Academy of Management Journal,1994,37(4)：837－868.

［134］ Williams L J, Anderson S E. Job satisfaction and organizational commitment as predictors of organizational citizenship and in-role behaviors[J]. Journal of Management,1991,17(3):601-617.

[135] Williams S,Cooper C L. Measuring occupational stress: Development of the pressure management indicator[J]. Journal of Occupational Health Psychology,1998,3(4): 306.

[136] Yun H, Kettinger W J, Lee C C. A new open door: The smartphone's impact on work-to-life conflict,stress,and resistance[J]. International Journal of Electronic Commerce, 2012,16(4): 121-152.

[137] Zhang Y,Chen C C. Developmental leadership and organizational citizenship behavior: Mediating effects of self-determination, supervisor identification, and organizational identification[J]. The Leadership Quarterly,2013,24(4): 534-543.

[138] Zhang Z,Wang M O,Shi J. Leader-follower congruence in proactive personality and work outcomes: The mediating role of leader-member exchange[J]. Academy of Management Journal,2012,55(1): 111-130.

[139] Zimbardo P G,Weber A L,Johnson R L. Psychology[M]. Boston: Allyn and Bacon,2000.

[140] 包玲玲,王韬.转型背景下雇佣关系模式对员工助人行为的影响[J].管理学报,2011,8(11): 1646-1654.

[141] 陈晓萍,徐淑英,樊景立.组织与管理研究的实证方法[M].北京大学出版社,2012.

[142] 陈忠卫,田素芹,汪金龙.工作家庭冲突双向性与离职倾向关系研究[J].软科学,2014,28(8): 65-69.

[143] 邓渝,范莉莉.初创小微型企业员工多样性与个人创新行为———一项跨层次的实证研究[J].科学学与科学技术管理,2014,35(1): 147-154.

[144] 高中华,赵晨.工作家庭两不误为何这么难？基于工作家庭

边界理论的探讨[J].心理学报,2014,46(4)：552－568.

[145] 韩湘景.女性生活蓝皮书：中国女性生活状况报告[R].社会科学文献出版社,2014.

[146] 何立,凌文辁.企业不同类型组织文化对员工组织认同与工作投入的影响作用研究[J].科学学与科学技术管理,2008,29(10)：139－143.

[147] 黄亮,彭璧玉.工作幸福感对员工创新绩效的影响机制——一个多层次被调节的中介模型[J].南开管理评论,2015,18(2)：15－29.

[148] 金盛华.自我概念及其发展[J].北京师范大学学报（社会科学版）,1996,1：30－36.

[149] 李爱梅,夏莹,高结怡,等.下班后能否从工作中解脱? ——员工心理脱离的影响因素,作用机制与研究展望[J].外国经济与管理,2015,37(2)：59－68.

[150] 李辉,苏勇,王森.高绩效人力资源实践有助于提高服务绩效吗？[J].经济与管理,2013,35(4)：71－81.

[151] 李隽,李新建,王玉姣.人力资源管理角色发展动因的多视角分析与研究展望[J].外国经济与管理,2014,36(5)：40－49.

[152] 李敏,杜鹏程.差错认知、激励偏好对员工创新行为的影响研究[J].科学学与科学技术管理,2014,35(9)：161－170.

[153] 李锐.职场排斥对员工职外绩效的影响：组织身份和工作投入的中介效应[J].管理科学,2010(3)：23－31.

[154] 李燕萍,刘宗华,郑馨怡.组织认同对建言的影响：基于组织的自尊和工作价值观的作用[J].商业经济与管理,2016(3)：46－55.

[155] 李燕萍,刘宗华.高承诺人力资源实践就能提高组织绩效吗？[J].经济与管理研究,2015,36(9)：130－136.

[156] 李燕萍,徐嘉.基于组织认同中介作用的集体主义对工作幸福

感的多层次影响研究[J].管理学报,2014,11(2):198-205.

[157] 李元勋,李瑞.职场排斥对国有企业员工工作绩效的影响——基于组织自尊的缓冲效应[J].当代经济科学,2012(5):112-117.

[158] 梁倩,赵宇."弹性工作制"受追捧,韩七成上班族渴望自由选择上班时间[N/OL].人民网,2015-04-15[2015-06-30].http://korea.people.com.cn/n/2015/0415/c205807-8878510.html.

[159] 林彦梅,刘洪.远程工作计划实施的影响因素与分析模型[J].南京社会科学,2014(9):16-24.

[160] 林彦梅,刘洪,王三银.工作边界强度与工作压力的关系——基于个体-环境匹配视角[J].中国工业经济,2015(3):122-134.

[161] 林忠,鞠蕾,陈丽.工作-家庭冲突研究与中国议题:视角,内容和设计[J].管理世界,2013(9):154-171.

[162] 刘洪,韦慧民.员工工作-非工作角色关系研究评述与展望[J].南京社会科学,2013(12):35-42.

[163] 刘小禹,刘军,许浚,等.职场排斥对员工主动性行为的影响机制——基于自我验证理论的视角[J].心理学报,2015,47(6):826-836.

[164] 卢仿纹.SPSS for Windows统计分析电子工业出版社[M].电子工业出版社,2002.

[165] 栾琨,谢小云.国外团队认同研究进展与展望[J].外国经济与管理,2014,36(4):57-64.

[166] 马红宇,谢菊兰,唐汉瑛.组织分割供给与工作情绪衰竭的关系:工作心理脱离和工作——非工作冲突的中介作用[J].心理与行为研究,2014,12(4):527-532.

[167] 马丽,徐枞巍.基于个体-环境匹配理论的边界管理与工作家

庭界面研究[J].南开管理评论,2011,14(5)：41－47.

[168] 马璐,刘洪.员工工作与非工作边界管理风格类型及其效果研究[J].南京社会科学,2015(12):25－33.

[169] 潘孝富,秦启文,张永红,等.组织心理所有权、基于组织的自尊对积极组织行为的影响[J].心理科学,2012,35(3)：718－724.

[170] 钱源源.员工忠诚、角色外行为与团队创新绩效的作用机理研究[D].浙江大学,2010.

[171] 邱茜.人格特质对破坏性领导的影响研究——基于工作满意度和组织认同的中介作用[J].东岳论丛,2016,37(3):179－185.

[172] 曲如杰,王林,尚洁,等.辱虐型领导与员工创新:员工自我概念的作用[J].管理评论,2015,27(8)：90－101.

[173] 曲如杰,王桢,焦琳,等.领导—成员交换关系对研发人员创新的权变影响[J].科学学与科学技术管理,2013,34(007)：156－165.

[174] 申继亮,李永鑫,张娜.教师人格特征和组织认同与工作倦怠的关系[J].心理科学,2009 (4)：774－777.

[175] 沈伊默,袁登华,张华,等.两种社会交换对组织公民行为的影响:组织认同和自尊需要的不同作用[J].心理学报,2009,41(12)：1215－1227.

[176] 舒睿,梁建.基于自我概念的伦理领导与员工工作结果研究[J].管理学报,2015,12(7)：1012－1020.

[177] 苏中兴.中国情境下人力资源管理与企业绩效的中介机制研究——激励员工的角色外行为还是规范员工的角色内行为?[J].管理评论,2010,22(8)：76－83.

[178] 孙丽.自我概念的研究概述及发展趋势探讨[J].社会心理科学,2005,20(3)：45－49.

[179] 唐春勇,潘妍. 领导情绪智力对员工组织认同,组织公民行为影响的跨层分析[J]. 南开管理评论,2010(4):115 – 124.

[180] 田喜洲,谢晋宇. 组织支持感对员工工作行为的影响:心理资本中介作用的实证研究[J]. 南开管理评论,2010(1):23 – 29.

[181] 汪新艳,廖建桥. 组织公平感对员工工作绩效的影响机制研究[J]. 江西社会科学,2007(9):152 – 156.

[182] 王成城,刘洪,李晋. 组织身份同一性对员工行为有效性影响的实证研究[J]. 科学学与科学技术管理,2010,7:184 – 191.

[183] 王国猛,张译涵. 家长式领导与员工进谏行为:组织认同的中介作用研究[J]. 兰州商学院学报,2013(5):46 – 50.

[184] 王林雪,卓娜. 领导风格,组织认同对创新型人才创新能力的影响研究[J]. 科学管理研究,2014(5):102 – 105.

[185] 王荣,鲁峥嵘,蒋奖. 工作场所排斥与员工角色内外行为:归属感的中介作用[J]. 心理科学,2013,36(5):1176 – 1180.

[186] 王三银,崔玮,苗建军. 意义建构视角下员工组织身份的动态管理研究[J]. 现代管理科学,2015a(12):21 – 23.

[187] 王三银,刘洪,刘健. 创新氛围对员工创新行为的影响机制研究[J]. 现代管理科学,2015b(7):9 – 11.

[188] 王三银,刘洪,林彦梅. 工作边界强度对员工组织认同的影响研究——工作边界弹性能力和组织自尊的作用[J]. 科学学与科学技术管理,2016,37(5):119 – 128.

[189] 韦慧民,刘洪. 工作—非工作边界渗透及其管理研究[J]. 科学学与科学技术管理,2013,34(5):160 – 171.

[190] 韦慧民,赵鹤. 从工作中心理解脱的影响效应研究——基于工作 – 非工作边界融合视角[J]. 广西大学学报:哲学社会科学版,2015,37(4):64 – 70.

[191] 魏钧. 主观幸福感对知识型员工组织身份的影响[J]. 科研

管理,2009（2）:171－178.

[192] 吴隆增,刘军,许浚.职场排斥与员工组织公民行为:组织认同与集体主义倾向的作用[J].南开管理评论,2010（3）:36－44.

[193] 熊明良,孙健敏,顾良智.工作满意感,组织认同与离职倾向关系实证研究[J].商业经济与管理,2008,6:34－40.

[194] 严丹.上级辱虐管理对员工建言行为的影响——来自制造型企业的证据[J].管理科学,2012,25（2）:41－50.

[195] 尹俊,王辉,黄鸣鹏.授权赋能领导行为对员工内部人身份感知的影响:基于组织的自尊的调节作用[J].心理学报,2012,44（10）:1371－1382.

[196] 袁庆宏,丁刚,李珲.知识型员工职业成长与离职意愿——组织身份和专业认同的调节作用[J].科学学与科学技术管理,2014,35（1）:155－164.

[197] 张春虎.知觉组织支持和公平影响员工知识分享的机理研究——以信任和基于组织的自尊为中介变量的模型[J].科技管理研究,2012,32（17）:159－164.

[198] 张伶,聂婷,黄华.基于工作压力和组织认同中介调节效应检验的家庭亲善政策与创新行为关系研究[J].管理学报,2014,11（5）:683－690.

[199] 张伶,聂婷.员工积极组织行为影响因素的实证研究:工作－家庭冲突的中介作用[J].管理评论,2011,23（12）:100－107.

[200] 张四龙,李明生.组织道德气氛对组织公民行为的影响:组织认同的中介作用[J].管理评论,2013,25（11）:85.

[201] 张永军.伦理型领导对员工反生产行为的影响:基于社会学习与社会交换双重视角[J].商业经济与管理,2012,1（12）:23－32.

[202] 张正堂.战略人力资源管理的理论模式[J].南开管理评论,

2005,8(5)：48 – 54.

[203]　仲理峰.高绩效人力资源实践对员工工作绩效的影响[J].
管理学报,2013,10(7)：993 – 999.

[204]　赵秀清.知识型员工工作压力与工作绩效关系研究[D].北
京：首都经济贸易大学,2012.